BERNARD MYERS

Énigmes difficiles & casse-tête IMPOSSIBLES

200 DÉFIS À RELEVER !

FSC
www.fsc.org
MIXTE
Papier | Pour une gestion forestière responsable
FSC® C104723

Cet ouvrage est imprimé sur du papier certifié FSC® issu de forêts gérées durablement et d'autres sources contrôlées.

Direction : Guillaume Pô
Direction éditoriale : Camille Chevalier
Responsable éditoriale : Euriell Séguillon
Édition : Mathilde Portais et Nelly Morais
Direction de la fabrication : Thierry Dubus
Fabrication : Gwendoline da Rocha assistée de Juliette Darrière

ISBN 978-2-38382-548-7
Dépôt légal : août 2024
Imprimé en RPC en février 2024

www.editions365.eu
Média Diffusion. Distribution MDS.

Avant-propos

Mettez vos neurones en ébullition et constituez-vous une véritable séance de mise en forme cérébrale avec ces 200 énigmes !

Vous trouverez :
M. Dicomax, passionné d'énigmes avec des mots ;
M. Textart, qui joue plutôt avec les phrases ;
Mme Numérix, qui ne jure que par les nombres ;
M. Pigevite, pour qui la logique vient avant tout ;
Mme Cétouvu, au sens d'observation incomparable ;
Mme Visionome, qui s'intéresse à la vision dans l'espace ;
Mme Mémorus, qui mettra vos dons de mémorisation à l'épreuve.

Bonne logique à tous !

Bernard Myers

À chacun son métier

M. Pigevite a remarqué qu'il y avait un lien entre le prénom et le métier de chacun. Si Bob est analyste, Joël industriel, Foucault entomologue et Appolina zoologiste... **quelle est la profession de Benoît ?**

Barbier

Juge

Policier

Avocat

Administrateur

Chapelier

Solution page 206

M. Textart

L'amour et la haine

M. Textart collectionne des citations, mais, dans sa hâte, il en a copié de travers. En effet, il a mélangé ici une citation de Shakespeare sur l'amour et une citation de Balzac sur la haine, tout en gardant les mots de chaque citation dans le bon ordre.

Départagez les deux citations !

L'amour la haine est est une fumée un tonique elle fait faite de vivre elle inspire la vapeur des soupirs la vengeance.

Solution page 206

Mme Mémorus

Écrits vains

Mme Mémorus a caché les noms de 10 romanciers français des XXe et XXIe siècles, par un détournement de leur nom. Par exemple, Jean d'Ormesson deviendrait Jean du métal précieux, cérémonie religieuse, bruit (d'or – messe – son). Une connaissance des principaux écrivains du siècle ne peut être qu'utile !

Trouvez les romanciers !

1. Simone de la Belle vision
2. Boris Existe 365 jours
3. Albert La onzième lettre change de voix
4. Marguerite Coriace, la première carte
5. Frédéric Organe porteur de venin
6. Louis Le perroquet charnière
7. André Mauvais rôt
8. Françoise Elle lui appartient, la mitaine
9. Alexandre On le prend pour une oie, ce cervidé
10. Michel Où se trouve la bouche de l'oiseau ?

Solution page 207

Mme Visionome

Le revers de la médaille

Ces médailles ont toutes une face été et une face hiver. Mme Visionome vous invite à trouver les médailles qu'il faut retourner pour avoir autant de faces hiver que de faces été le long de chaque rangée, de chaque colonne et des deux grandes diagonales.

Trouvez les quatre médailles qu'il faut retourner.

Solution page 207

Ouverture

Pour ouvrir la porte d'entrée, il faut que les trois flèches soient vers le haut. Celles-ci sont commandées par les boutons A et B. Comme M. Pigevite ne connaît pas l'action de ces deux boutons, il tapote un peu au hasard. Voici ce que cela donne :

Voici les trois cadrans au départ :

Il appuie une fois sur A et une fois sur B et obtient :

Il appuie deux fois sur A et deux fois sur B et obtient :

Il appuie sur B et obtient :

Il appuie une fois sur A et deux fois sur B et obtient :

Que doit-il faire maintenant pour que les trois flèches soient vers le haut ?

Solution page 208

Mme Cétouvu

Soldes

Soldes très particuliers ! Les baskets viennent par lots de trois et dépareillées ! Mme Cétouvu veut des paires de même modèle et elle veut six paires en tout.

Trouvez les quatre lots qu'elle doit choisir.

Solution page 208

Voisins

Mme Mémorus étudie l'Europe et vous pose la question suivante : **lequel de ces pays a des frontières communes avec le plus grand nombre de pays ?**

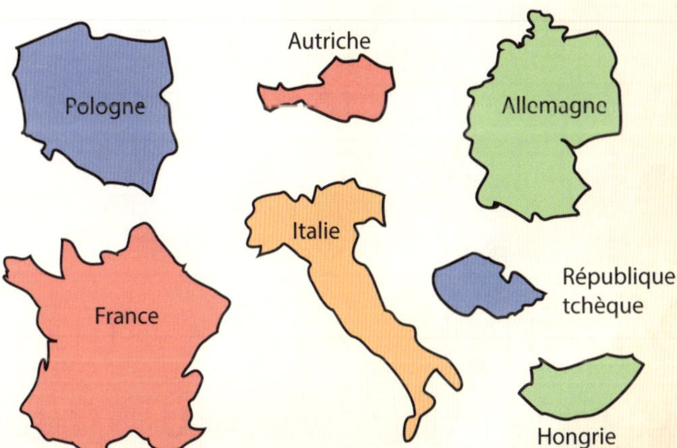

Solution page 209

Plaquettes

M. Textart a déjà placé plusieurs plaquettes pour former une citation de Douglas Adams, l'auteur du *Guide du voyageur galactique*. Mais, maintenant, il a besoin de votre aide.
Trouvez la citation en plaçant les dernières plaquettes !

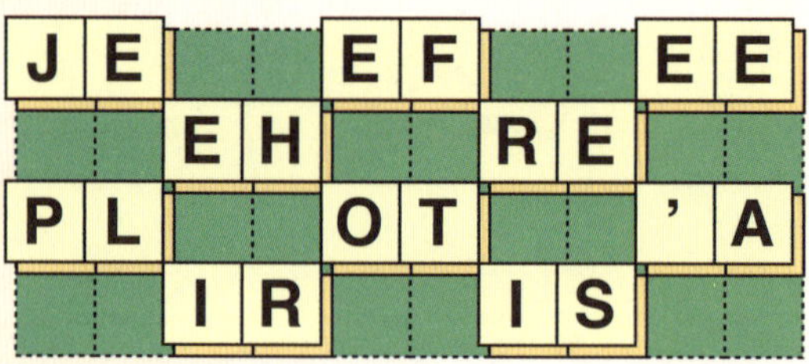

Solution page 209

Mme Numérix

Coupes de fruits

Mme Numérix a noté le prix total des fruits qu'elle a placés dans les trois premières coupes. Elle demande ensuite à ses enfants la valeur de la dernière coupe.

Quelle est-elle ?

Solution page 210

Mot en cubes

Mme Visionome donne un mot de passe avec des cubes ! Trouvez les cinq lettres qui apparaissent trois fois chacune, mais dans des positions différentes (à l'envers, à plat, etc.). Mélangez-les pour former un mot courant.

Quel est le mot en question ?

Solution page 210

Monsieur et madame

M. Dicomax joue avec des amis à des jeux de vocabulaire. Quand l'un dit le nom d'un animal mâle, l'autre doit trouver le nom de la femelle.

Formez les paires !

Baudet	Oie
Lièvre	Brebis
Bouc	Hase
Sanglier	Laie
Jars	Chèvre
Bélier	Ânesse

Solution page 211

M. Pigevite

Autoréférent

M. Pigevite veut compléter cette phrase. Pour qu'elle soit exacte, il doit placer une lettre sur le premier tiret et un nombre en toutes lettres sur le second, ce nombre devant comprendre au moins une fois la lettre inscrite sur le premier tiret.

Combien de solutions différentes existe-t-il à cette énigme ?

Si cette phrase comprenait un ____ de plus, au total, elle en aurait ____________

Solution page 211

Karos

Mme Cétouvu utilise des carreaux de salle de bains comme dessous de plats, mais elle souhaite qu'ils soient tous différents.

Combien de carreaux différents y a-t-il dans ce choix ?

Solution page 212

Addition croisée

Mme Numérix vous propose cette grille, dans chaque case de laquelle il faut placer un chiffre. Les nombres inscrits dans les flèches indiquent la somme de tous les chiffres de l'alignement correspondant. Chaque alignement ne comporte que des chiffres différents et pas de zéro.

Complétez la grille !

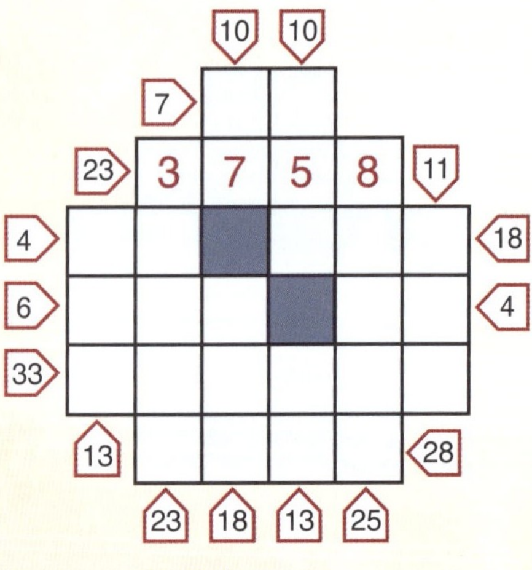

Solution page 212

Mme Visionome

L'apprentie

Mme Visionome apprend à faire des nœuds, mais elle a beau se concentrer, elle n'y arrive jamais – ou, tout du moins, c'est ce qu'elle croit. En fait, de ces six tentatives, si on tire sur les deux bouts, plusieurs formeront un nœud.

Lesquelles ?

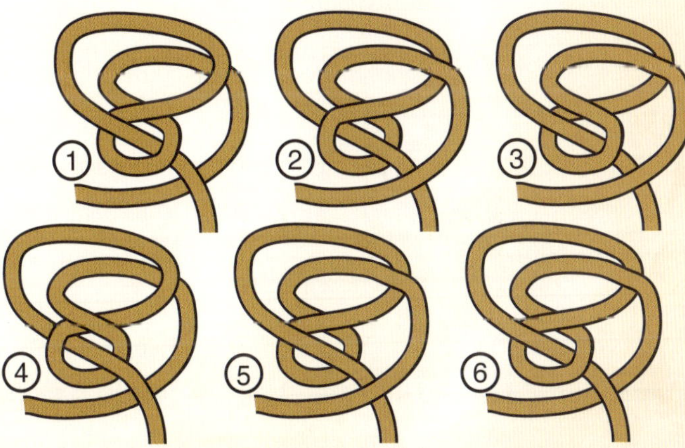

Solution page 213

À double sens

M. Dicomax aime les mots aux multiples significations et vous propose cette sélection. Chaque mot à trouver ci-dessous répond à la fois à la définition de droite et à celle de gauche. Une fois ces mots inscrits, un autre mot sera formé verticalement. **Lequel ?**

Pour les jeux vidéo		Réconforte
Communication d'une localité		Meuble de salle à manger
Chute d'eau		Acrobatie
Plage de gravier		Arrêt d'activité
Boîte à boisson		Jeune palmipède
Maladie articulaire		Petite quantité d'eau
Poursuite du gibier		Appareil sanitaire
Règles alimentaires		Grappe de fruits
Blague		Hachis d'aliments
Fauter		Arbre fruitier

Solution page 213

M. Textart

Gulliver à Lilliput

M. Textart a résumé une scène du roman *Les Voyages de Gulliver* en utilisant de nombreux mots commençant par « li- », comme « Lilliput ». Ensuite, quelqu'un les a remplacés par des mots ayant une signification voisine.

Remplacez les mots en rouge par des mots commençant par « li- ».

Gulliver, le teint **blafard**, se réveilla **attaché** de la tête aux pieds par des **cordes** qui le privaient de **son autonomie**. Les Lilliputiens, en **joie**, célébraient tout autour de lui en buvant des **quantités** d'un **fluide** peu **transparent** qui n'était certainement pas de la **citronnade**, mais plutôt une **eau-de-vie** forte. Une fois ces **beuveries** terminées, leur chef, un officier en tenue **mauve**, s'empara d'un **ouvrage** et se mit à **déchiffrer** à haute voix une longue **énumération** des griefs à l'origine du **contentieux**.

Solution page 213

M. Dicomax

D'un mot à l'autre

M. Dicomax vous propose ce défi : passez du mot « NEIGE » au mot « GIVRE » par étapes successives, en ne changeant qu'une lettre à la fois, les autres restant à leur place.

Trouvez une solution avec sept étapes intermédiaires.

N	E	I	G	E
G	I	V	R	E

Solution page 214

Mme Cétouvu

Référendum

Mme Cétouvu organise un référendum dans son entreprise sur la flexibilité des heures de travail. Le dixième bulletin à avoir été posé sur cette table représente le vote majoritaire.

Quelle est l'issue du référendum ?

Solution page 214

Mme Numérix

Crayons

Mme Numérix organise un concours. Il y a 1 718 inscrits et, comme elle a promis d'envoyer un crayon à chaque concurrent, elle cherche à en acheter en grande quantité. **Parmi les lots ci-dessous, lesquels devrait-elle choisir pour en avoir assez, mais pas trop ?**

① 316 crayons

② 599 crayons

③ 583 crayons

④ 653 crayons

⑤ 537 crayons

⑥ 475 crayons

Solution page 215

Mme Visionome

Stellar

Mme Visionome vous propose ce labyrinthe, dans lequel on ne passe d'un jeton à un autre que s'ils sont reliés par un point rouge, et sans jamais retourner dans une case déjà traversée.

Trouvez le chemin qui passe par le plus grand nombre d'étoiles.

Solution page 215

M. Dicomax

Animots

M. Dicomax aime les mots et les animaux.
Ici, il vous demande d'arranger les lettres de chaque cercle pour former le nom d'un animal, puis d'arranger les premières lettres des animaux trouvés pour former le nom d'un sixième animal.

Lequel ?

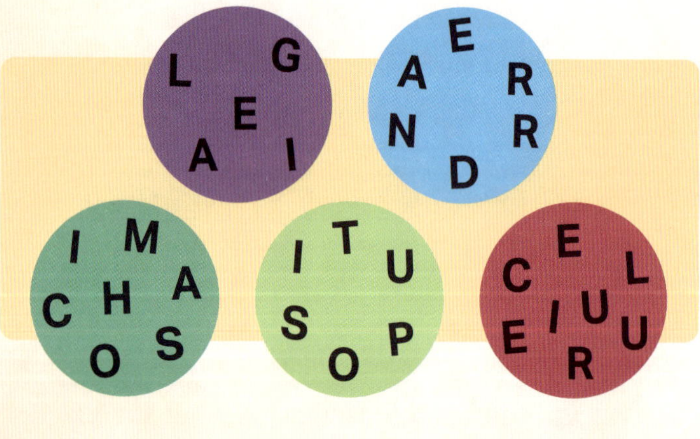

Solution page 215

M. Pigevite

Randonnée

M. Pigevite part en sortie avec son club de randonneurs. Alors qu'ils se mettent tous en route, M. Pigevite constate que :

- Albert est juste devant Brice ;
- Charles est plus avancé que David, mais ils ne se suivent pas ;
- Étienne et Charles ne se suivent pas non plus ;
- David n'est pas le dernier.

Donnez l'ordre des randonneurs.

Solution page 216

L'art de la table

Mme Cétouvu, utilise des carreaux de salle de bains comme dessous de plats. Contrairement à la fois précédente, elle veut qu'ils soient tous semblables.

Combien de carreaux sont identiques au A ?

Solution page 216

Incruste

Avec un manque de respect qui le caractérise bien, M. Textart a rajouté six mots à une citation de Jean-Jacques Rousseau, plongeant ainsi ses petits camarades dans un état de grande perplexité.

Quels mots faut-il barrer pour retrouver la citation d'origine ?

« On façonne en agriculture les plantes et par la culture on forme et les hommes par l'éducation nationale. »

Solution page 216

Balançoires

Mme Numérix garde les enfants à la crèche. Comme elle ne peut s'empêcher de compter, elle essaye de comparer les poids de tous ces jeunes garnements. Sachant que les jumeaux, habillés de façon identique, pèsent le même poids, **classez ces enfants du plus lourd au plus léger.**

Solution page 217

Alphabet

M. Dicomax essaye de former 12 mots ou noms propres en plaçant une lettre différente dans chaque case vide. Il utilise ainsi tout l'alphabet sauf deux lettres.

Lesquelles ?

G	A		E	U		N	I		E	A	
M	E		A	R		A	C		U	I	
S	L		L	O		T	A		M	A	
A	B		E	C		S	A		D	O	
C	A		T	I		M	I		A	D	
F	U		A	R		A	P		O	M	

A B C D E F G H I J K L M

N O P Q R S T U V W X Y Z

Solution page 218

M. Pigevite

Boîte à balles

M. Pigevite souhaite répartir 17 balles dans 5 boîtes, de sorte à rendre justes les indications situées sur celles-ci.

Combien de balles doit-on mettre dans chaque boîte, sachant qu'aucune ne sera vide ?

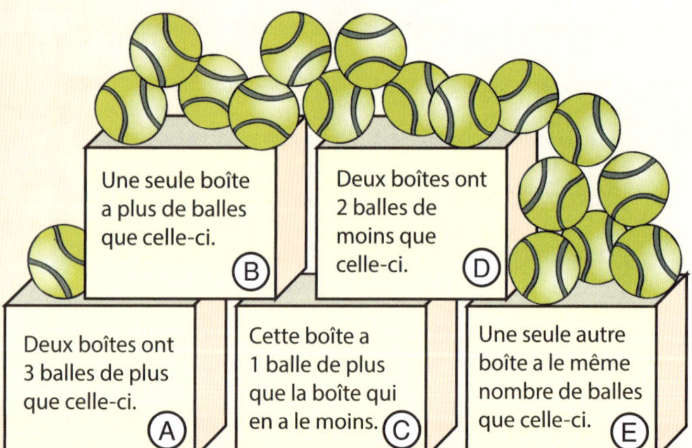

Solution page 218

Mme Mémorus

Musiciens

Mme Mémorus a son petit panthéon personnel de musiciens.

Pour chaque instrument, donnez son interprète.

Louis Armstrong

John Coltrane

Jimi Hendrix

Yvette Horner

Didier Lockwood

Thelonious Monk

Ringo Starr

Mstislav Rostropovitch

Solution page 219

Mme Cétouvu

Fer forgé

Mme Cétouvu a découpé le fragment A dans l'une des grilles numérotées.
Laquelle ?

A

1

5

2

6

3

7

4

8

Solution page 219

Vengeance

Le jeune neveu de M. Textart, une petite terreur qui déchire les citations collectées par son oncle, a sévi ! Le texte de Gracián a été découpé après chaque mot…

Remettez-les dans le bon ordre pour retrouver la citation.

Il

l'oubli

a

de

haute

vengeance

n'y

que

plus

point

Solution page 219

Mme Visionome

Carrés d'étoiles

Mme Visionome crée des carrés d'étoiles. Un carré est formé dès lors qu'il y a une étoile à chaque coin, quelle que soit la taille du carré. Un emplacement possible pour une première étoile est donné en exemple. Chaque carré formé donne le droit de poser une nouvelle étoile. Les étoiles posées peuvent entrer dans la composition d'un nouveau carré. Mme Visionome a placé 9 étoiles.

Et vous ?

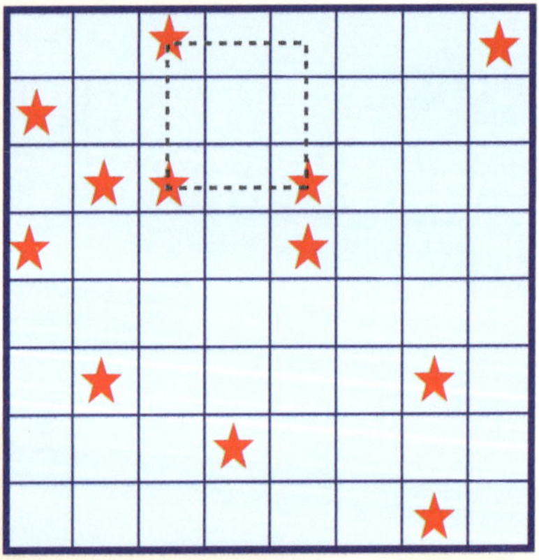

Solution page 220

Thé ou café ?

M. Dicomax a transformé son interrogation du matin « thé ou café ? » en un jeu. Dans chaque groupe de lettres ci-dessous, on peut former un mot en y glissant les lettres de « thé » ou de « café » dans l'ordre. Par exemple, entre les lettres M, E, O et D, on peut placer T, H et E pour former « métTHodE ».

Les 12 groupes de lettres suivants sont-ils « thé » ou « café » ?

T H E   C A F E

M O U L R   A E   F E I C

H U F A G   A C   I S M

E S L F R   L I   R A

A R R O S   E M   S R I I

Solution page 221

M. Textart

Ce qui se conçoit bien...

M. Textart aime les textes clairs et précis et peste contre les phrases comme celles-ci où on a du mal à identifier l'opinion de l'auteur.

Dans quelle(s) phrase(s) l'auteur est-il en faveur de la boxe ?

1. Je suis contre l'interdiction de la boxe.
2. Je ne signerai pas les pétitions pour la mise hors la loi de la boxe.
3. Je ne désapprouve pas les actions de ceux qui s'opposent au groupe pro-boxe.
4. C'est une contre-vérité que de dire que j'approuve les directives visant à proscrire les actions hostiles à la boxe.

Solution page 222

Mme Numérix

Carré de jetons

Mme Numérix souhaite équilibrer les valeurs de cet ensemble pour que la somme des nombres de chaque alignement horizontal, vertical et de chacune des deux grandes diagonales soit égale à 19. Pour cela, il lui suffit de déplacer trois jetons vers une case adjacente (diagonales comprises), vide au moment du transfert.
Trouvez les jetons et leurs déplacements.

3	12	7		= 19
2		4	10	= 19
6	4			= 19
11	8	1	8	= 19
= 19	= 19	= 19	= 19	

Diagonales : = 19 ; = 19

Solution page 223

Par le bon bout

M. Pigevite est témoin d'une bien étonnante querelle. Comme dans *Les Voyages de Gulliver*, ces personnes se chamaillent pour savoir s'il faut ouvrir les œufs à la coque par le grand bout ou par le petit.

En suivant la logique des cinq premiers, pensez-vous que le dernier va crier « Grand ! » ou « Petit ! » ?

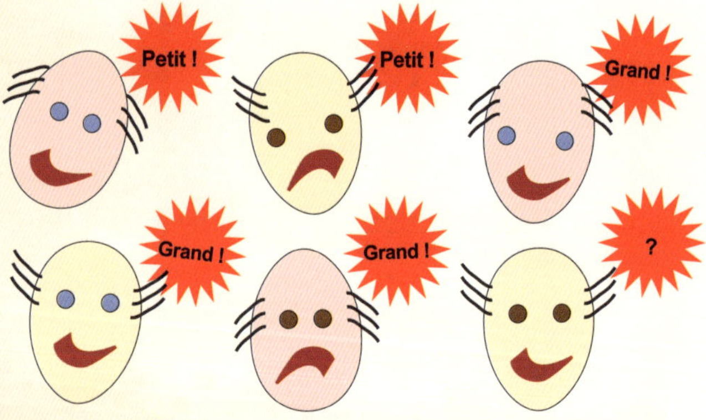

Solution page 223

Pistes

Mme Cétouvu vous propose le casse-tête visuel suivant.

Si les petits carrés étaient à leur place, combien de pistes rouges distinctes y aurait-il ?

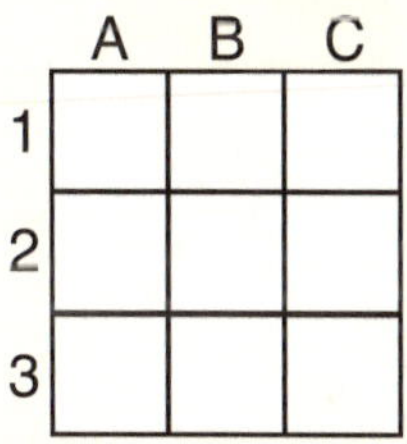

Solution page 224

Mme Numérix

Étoile numérique

Mme Numérix peine à trouver la solution de ce casse-tête où il faut placer six nombres consécutifs dans les cercles vides, pour que la somme des nombres de chaque alignement soit égale à 26.

Pouvez-vous l'aider ?

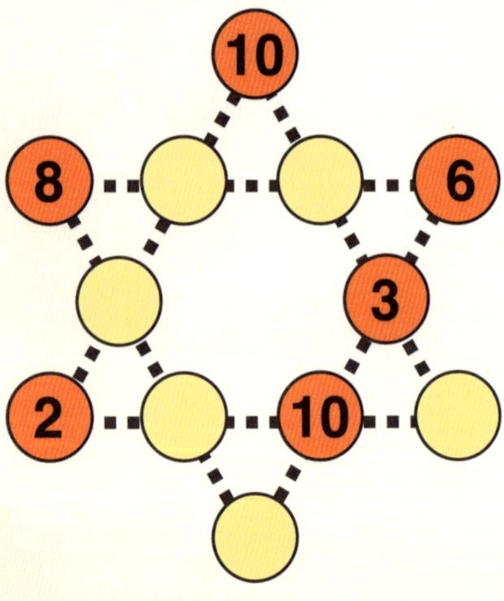

Solution page 224

Mme Visionome

Bureaux

Mme Visionome vous présente les bureaux de son entreprise. Sachant que :

- les bureaux d'Anne, de Bruno et de Cécile ont trois portes (ni plus ni moins) ;
- ceux de Mme Visionome, d'Emma et de Fatima ont deux portes (ni plus ni moins) ;
- celui de Geoff a plus de portes que celui de Hal, mais que ni l'un ni l'autre n'ont une porte commune avec Emma ;
- Bruno peut passer directement chez Emma et chez Fatima, mais les bureaux de Cécile et de Mme Visionome ne communiquent pas...

Quel est le bureau de Mme Visionome ?

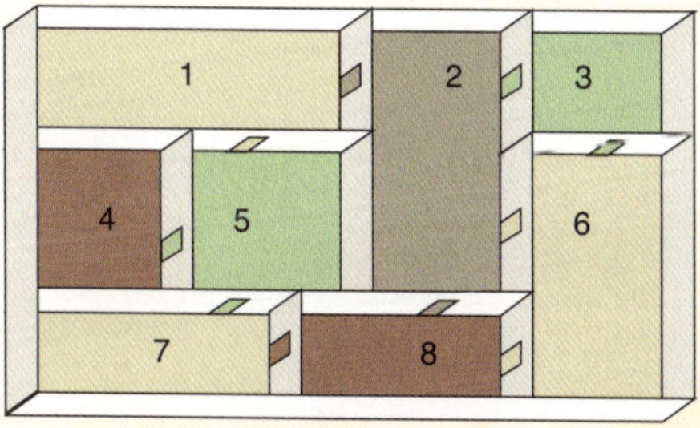

Solution page 225

Petit pot de crème

M. Pigevite hésite entre tous ces pots de crème, surtout quand on le prévient que deux d'entre eux ont tourné.

Quels sont-ils ?

Un seul des deux pots est bleu. Dans l'un des deux se trouve une cuillère. Et ils ne sont pas l'un à côté de l'autre !

Solution page 225

Mme Cétouvu

Blason

Mme Cétouvu participe à un atelier de reproduction de blasons, mais les oublis et erreurs sont fréquents. Par rapport à l'original A, Dominique a fait 1 erreur, Claude en a fait 2, Laure 4, Camille 6 et Alix 8.

Donnez à chacun son blason.

A

1

2

3

4

5

Solution page 226

M. Dicomax

Animaux préférés

M. Dicomax vous défie de retrouver dans la grille les animaux de la liste. Ils y sont inscrits en ligne droite, mais dans tous les sens. 11 lettres restantes forment le nom de deux autres animaux.

Lesquels ?

Anaconda
Ara
Boa
Caïman
Capucin
Coati
Gymnote
Iguane
Lamantin
Loutre
Matamata
Mygale
Ocelot
Ouakari
Paresseux
Pécari
Pipa
Piranha
Saki
Tamarin
Tapir
Toucan

P	A	O	B	N	I	R	A	M	A	T
J	A	A	N	I	T	N	A	M	A	L
L	I	R	A	K	A	U	O	I	G	U
T	O	L	E	C	O	A	K	P	G	M
O	R	U	O	S	C	A	E	C	Y	A
U	A	N	T	A	S	C	N	G	M	T
C	D	P	I	R	A	E	A	H	N	A
A	I	M	I	R	E	L	U	E	O	M
N	A	P	I	P	E	M	G	X	T	A
N	A	C	A	P	U	C	I	N	E	T
T	A	R	A	P	I	R	A	N	H	A

Solution page 226

M. Textart

Le mot juste

M. Textart n'arrive pas à trouver le mot juste.
Pouvez-vous l'aider ?

Complétez les phrases suivantes avec les mots proposés et trouvez celui qui est en trop.

L'orateur .... fait un discours trop long. Une espèce vivace est très .... L'occasion était .... aux financiers. L'auteur était interdit et sa prose .... La taxe double les prix, elle est ....

1- prolifique
2- prohibitive
3- prodigue
4- proscrite
5- propice
6- prolixe

Solution page 227

Brocante

Mme Numérix s'est arrêtée devant cette étrange brocante où les prix des objets sont donnés par lots de quatre.

Combien vaut chaque article ?

Solution page 227

Mme Visionome

Le chemin des fourmis

Mme Visionome observe deux fourmis qui veulent chacune rejoindre leur fourmilière.

Quel chemin doivent-elles emprunter pour que leurs trajets ne se croisent pas ?

Solution page 228

Mini-grille

M. Dicomax a créé cette mini-grille de quatre mots avec des jetons, avant que son fils n'en retourne quelques-uns. **Trouvez les trois lettres qui se trouvent au verso des ronds, des carrés et des triangles, et reconstituez la grille.**

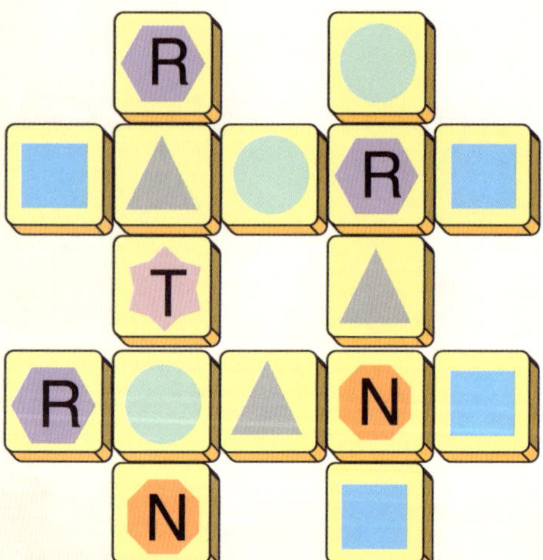

Solution page 228

M. Pigevite

Rendez-vous

« Avant-hier, explique M. Pigevite, Hervé m'a dit : "Je ne peux pas venir dans une semaine, et jamais le mardi." La veille, Vincent m'avait dit : "Je ne peux pas venir dans une semaine et jamais le samedi." Et, hier, c'est Laure qui m'a dit : "Je ne peux pas venir dans une semaine et jamais le dimanche." Cela ne laisse qu'une journée possible pour notre rendez-vous la semaine prochaine (c'est-à-dire entre lundi et dimanche prochains). »

Dans combien de jours ce rendez-vous à quatre aura-t-il lieu ?

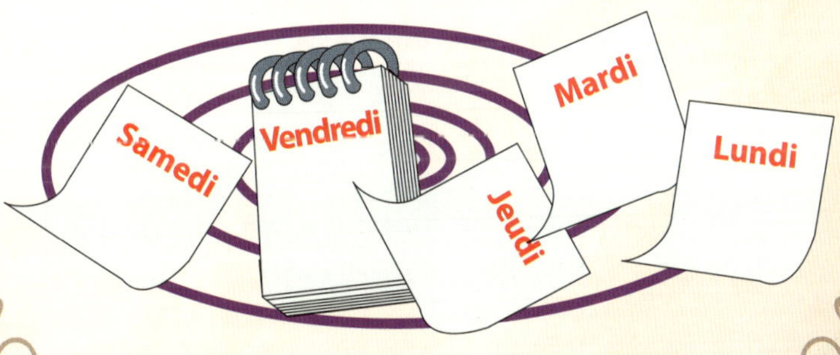

Solution page 229

Inversions

M. Textart constate que son secrétaire souffre d'une forme de dyslexie qui lui fait inverser deux mots dans une même phrase, la rendant dès lors incompréhensible.

Corrigez ces phrases en échangeant, chaque fois, la place de deux mots.

Place ne peut répondre à sa personne.

Ils correspondent les procédures qui notent à nos choix.

Ces actions confirment la chute des vérifications de notre groupe.

Nous sommes les paragraphes qui correspondent aux cochons en question.

Solution page 229

Mme Numérix

Nombres dessins

Mme Numérix vous invite à retrouver les valeurs des additions ci-dessous, sachant que chaque forme remplace un chiffre.

Solution page 230

Mme Visionome

Cubisme

Mme Visionome fait des sculptures en empilant des cubes.
Laquelle comprend le plus grand nombre de cubes ?

Solution page 231

Mme Cétouvu

Numéro de maison

Mme Cétouvu veut refaire le numéro de la maison familiale en céramique. Pour cela, elle dispose de nombreuses plaques comme celles numérotées ci-dessous qu'elle peut placer dans tous les sens. Pour réaliser ce numéro, elle doit utiliser toutes les plaques, et même deux fois deux d'entre elles.

Lesquelles ?

1 

2 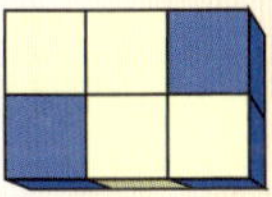

3 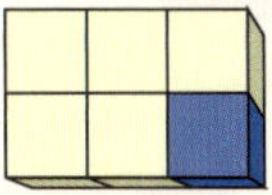

4 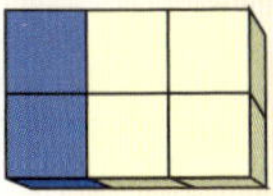

5 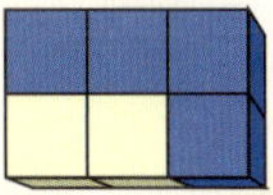

Solution page 231

Mme Visionome

Scarabées sacrés

Mme Visionome vous invite à déplacer trois scarabées d'une case (les diagonales étant autorisées) afin d'obtenir trois scarabées dans chaque rangée et chaque colonne, ainsi que dans les deux grandes diagonales.

Trouvez les scarabées à déplacer !

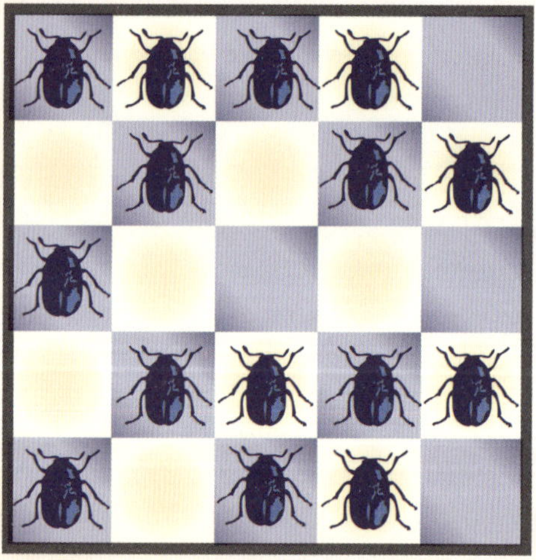

Solution page 231

Texte déchiré

Le petit neveu de M. Textart a frappé de nouveau, mais, cette fois-ci, sans tenir compte des mots ! Découragé, M. Textart a demandé un coup de main à sa compagne, qui a retrouvé le texte d'un humoriste anonyme en un tournemain. Et vous ?

Remettez les fragments dans l'ordre pour former la citation.

Plus ersa alim conv
ictif, rég ente
plus restr un est
il ime la tion.

Solution page 232

Mme Cétouvu

Triangles

Mme Cétouvu vous demande combien de triangles il y a dans la figure ci-dessous. Attention ! Il faut compter tous les triangles, même ceux formés de plusieurs couleurs.

Alors, combien de triangles ?

Solution page 232

Timbres

Mme Numérix vous pose (pas de la façon la plus simple) une question sur sa collection de timbres :
« Si on échangeait le timbre dont la valeur est la plus élevée du lot dont la valeur totale des timbres est la plus basse avec le timbre dont la valeur est la plus basse du lot dont la valeur totale des timbres est la plus élevée, quel serait le lot dont la valeur totale des timbres serait la moins élevée ? »

À votre avis ?

Lot A

Lot B

Lot C

Lot D

Solution page 232

Mme Cétouvu

Paires contraires

Mme Cétouvu forme des couples complémentaires. Elle associe les figures numérotées avec celles ayant une lettre, de sorte que tout les oppose : garçon/fille, rectangle/ovale, fond brun/fond vert, silhouette beige/silhouette verte. Notez les paires formées.

Vous écrirez ainsi deux mots : lesquels ?

1	2	3	4	5	6	7	8	9	10	11	12	13	14

Solution page 233

Livraison

« Voilà, dit le maçon à Mme Visionome, j'ai déposé là les briques qu'il faut pour combler la brèche. »
Y a-t-il le bon nombre de briques ?

Solution page 233

Boulier magique

Avec ce boulier un peu particulier,
M. Dicomax fait coulisser certaines boules le long de leurs tiges et forme verticalement des mots liés à la magie. Toutes les boules sont utilisées.
Trouvez les sept mots.

M	E	G	S	S							
D	E	M	E	I							
E	D	L	A	N							
V	I	I	G	O							
I	X	I	R	G							
U	I	E	E	N							
N	M	R	T	E							
					1	2	3	4	5	6	7

Solution page 234

Le potier

Quand il range les pots de son ami potier, M. Pigevite a ses petites manies : il ne veut pas qu'un pot de même couleur ou de même forme (indiquée par une lettre) apparaisse plus d'une fois dans une même rangée ou une même colonne. Quinze pots trouveront leur place, mais il en restera cinq.

Lesquels ?

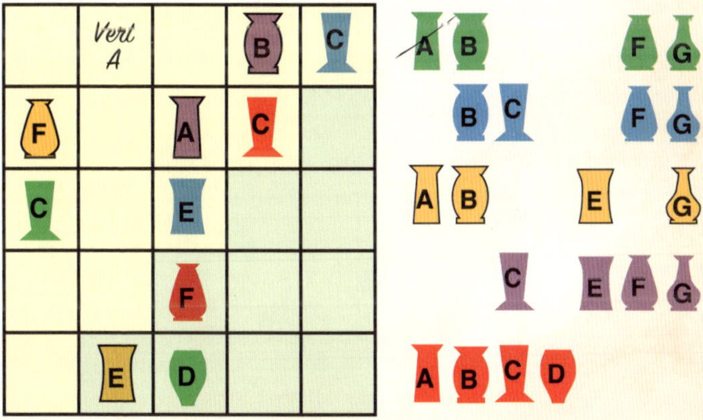

Solution page 234

Mme Cétouvu

Transparence

Mme Cétouvu a trouvé ces plaques en verre et elle constate que pour obtenir l'effet présenté en A, il suffit de superposer trois des plaquettes numérotées (sans les tourner ou les retourner).

Desquelles s'agit-il ?

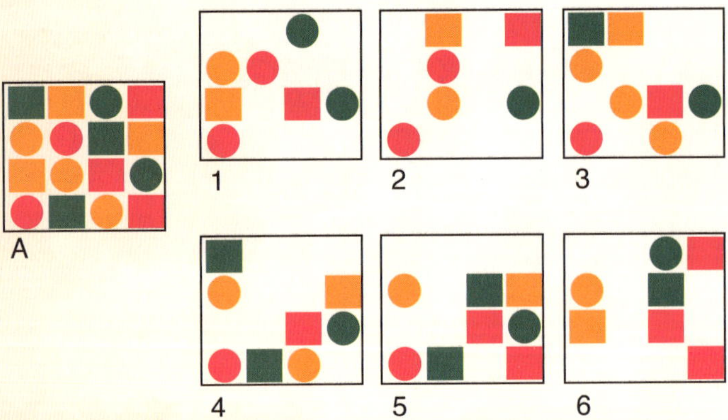

Solution page 235

Paires

Mme Numérix a distribué deux jetons à quatre joueurs et a gardé le dernier. Il se trouve que tous, sauf Mme Numérix, obtiennent un total identique.

Quel est le jeton de Mme Numérix ?

Solution page 235

M. Textart

Déchiffrer le dicton

M. Textart ne connaît pas bien certaines expressions françaises et vient vous retrouver pour que vous lui donniez un coup de main.

Quelle phrase a la signification la plus proche de celle de la maxime suivante ?

On reconnaît l'arbre à ses fruits.

1. On juge les parents par leurs enfants.
2. On connaît la valeur d'un homme par ses actes.
3. On ne peut agir que selon sa nature.
4. C'est par son travail que l'artisan affirme sa personnalité.
5. Ce que l'on possède en dit long sur qui nous sommes.

Solution page 235

Colonne

Mme Numérix a enroulé un ruban rouge autour d'une colonne de façon à ce qu'elle forme une longue spirale régulière.

Quelle est la longueur du ruban ?

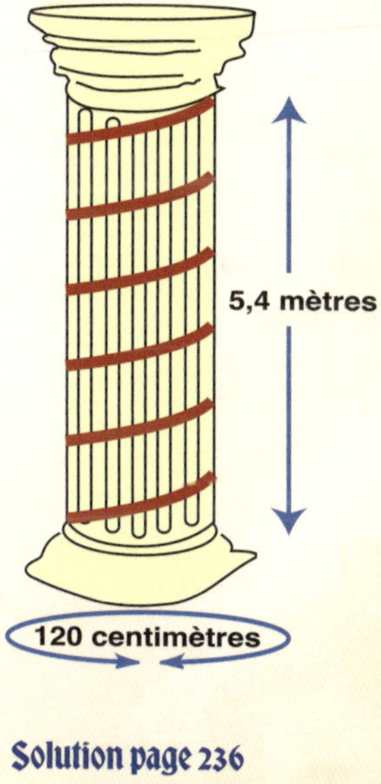

Solution page 236

Découpe

M. Dicomax a écrit quatre mots horizontalement dans une grille qu'il a ensuite découpée. Quelque temps plus tard, il veut reconstituer la grille, mais ne se souvient que de l'emplacement de quelques lettres. Pouvez-vous l'aider ?

Reconstituez la grille et trouvez les quatre mots.

Solution page 236

M. Pigevite

Bijoux

M. Pigevite et deux de ses amies, Zoé et Sabine, ont chacun un bijou préféré : une bague, un bracelet et une broche, qu'ils gardent dans un écrin, un coffret et une pochette.

Qui possède quel bijou et où est-il gardé ?

Solution page 237

Mme Visionome

Plans

Mme Visionome a demandé à un ami de faire des plans de son œuvre, mais il ne sait plus à quelle vue chacun correspond (dessus, dessous, face, arrière, gauche, droite).

Donnez à chaque plan la vue correspondante.

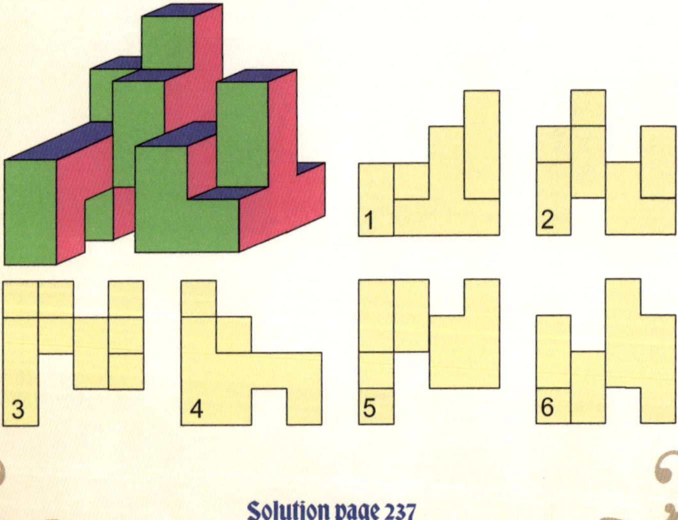

Solution page 237

M. Textart

Code couleur

Dans cette grille, certaines lettres sont déjà données. Cependant, six autres lettres, ainsi que les cases noires (qui représentent les espaces), ont été remplacées par une couleur, toujours la même pour chacune. Il y a six cases noires.

Trouvez le code et formez ainsi une citation de Fernando Pessoa.

Lettres à utiliser : E, L, N, R, U, V et ■

Solution page 238

Mme Cétouvu

Nœuds

Mme Cétouvu apprend à faire des nœuds, mais ce n'est pas toujours facile. Plusieurs de ses tentatives ne sont pas couronnées de succès.

Parmi les essais ci-dessous, lesquels formeront un nœud si on tire sur les deux bouts ?

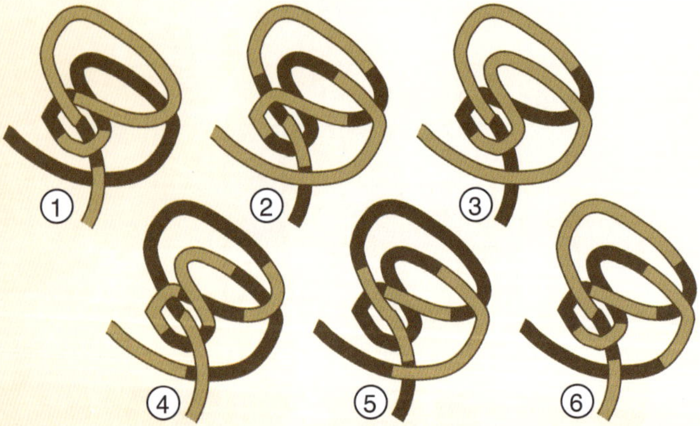

Solution page 238

Sets de table

Mme Visionome met le couvert et commence par placer les sets de table formés de bandelettes entrelacées. Elle remarque que deux sets sont identiques et, pour les différencier, elle en retourne un. Le set A ci-dessous est celui qui a été retourné.

Lequel des sets numérotés lui est identique ?

A

1

2

3

4

Solution page 238

Le jeu des homonymes

M. Dicomax et ses amies se défient au « jeu des homonymes ». Chacun propose une paire de mots qui suggère des homonymes (par exemple : « double » et « géniteur » pour « paire » et « père »). Le gagnant est celui qui propose une paire dont l'orthographe est identique.

Qui a gagné ?

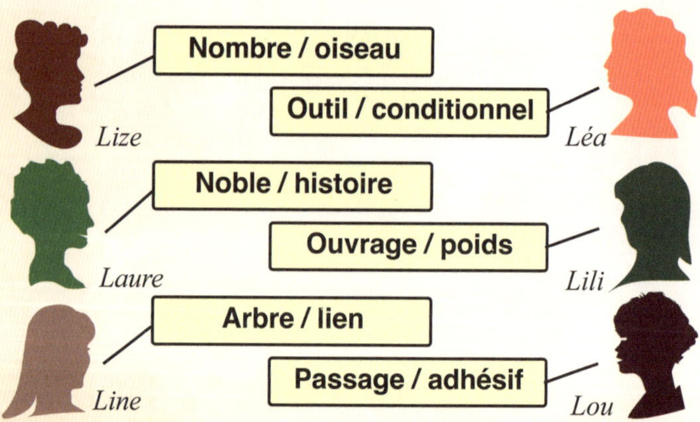

Solution page 239

Crypto

M. Textart aime la cryptographie et décode aisément cette phrase de Francis Picabia dans laquelle chaque lettre a été remplacée par un signe.

Et vous, pouvez-vous retrouver la citation ?

Solution page 239

Réseaux

Mme Visionome doit établir les plans de trois réseaux pour ce lotissement (jaune, bleu et rouge). Elle doit relier toutes les maisons d'une même couleur par une ligne continue, de façon à ce que les réseaux ne se croisent jamais et que les connexions d'une maison à une autre se fassent en ligne droite.

Pouvez-vous l'aider ?

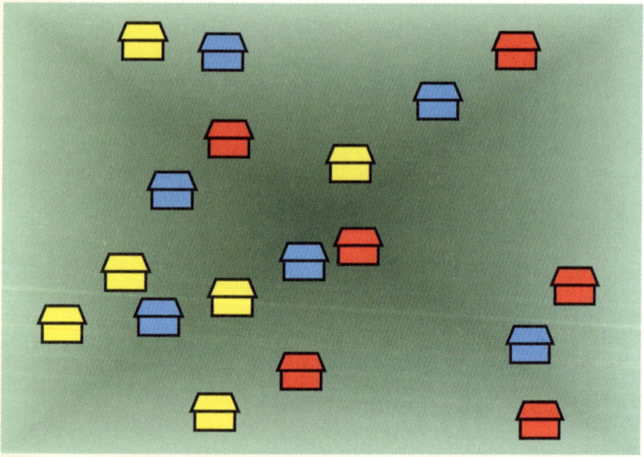

Solution page 239

Mme Cétouvu

Hollywood

Mme Cétouvu, en voyage à Hollywood, s'amuse à retrouver les empreintes et les étoiles des stars. Ces étoiles contiennent les lettres des noms des stars, mais mélangées. Pour une empreinte, cependant, elle n'a pas trouvé d'étoile.

Laquelle ?

Solution page 240

Conducteurs

M. Pigevite sait que :

- si François a la voiture rouge, Clément a la voiture verte ;
- si Luc a la voiture bleue, Clément a la voiture jaune ;
- si François n'a pas la voiture rouge, Luc a la voiture bleue ;
- si Étienne a la voiture bleue, Luc a la voiture rouge.

Alors vous pouvez donner à chacun son véhicule !

Solution page 240

Régate

Quand Mme Numérix a participé à la régate de l'été, le premier bateau arrivé avait un numéro qui était un nombre premier. Le numéro du second, lui, n'était pas un nombre premier. La somme des numéros des trois premiers était égale à 31 et la somme des numéros des deux premiers était inférieure au numéro du troisième.

Qui était premier, second et troisième ?

Solution page 241

M. Dicomax

Le jeu de l'intrus

M. Dicomax vous propose ce jeu dans lequel il faut trouver un mot intrus, qui diffère de tous les autres mots proposés.

Qui propose le mot intrus ?

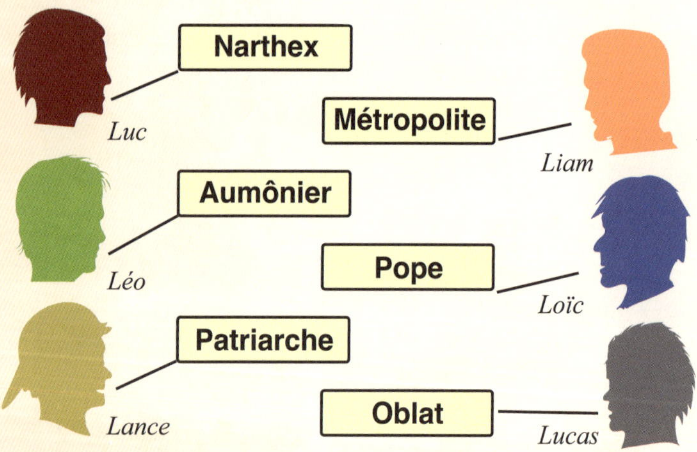

Solution page 241

M. Pigevite

La traversée du fleuve

M. Pigevite vous propose ce classique : trois couples arrivent au bord d'un fleuve qu'ils veulent traverser. Là, ils trouvent une petite barque qui peut contenir deux personnes, pas plus. Comme il n'y a pas de passeur, il faudra que quelqu'un ramène la barque à chaque fois afin de chercher les autres. Mais il y a un problème supplémentaire : les maris étant très jaloux, ils ne supportent pas que leur femme soit avec un autre homme – ne serait-ce qu'un instant – à moins que le mari soit présent.

Comment doivent-ils s'y prendre ?

Solution page 242

Fourmis

Fascinée par le monde des insectes, Mme Cétouvu peut les observer pendant des heures.

Combien de fourmis y a-t-il ?

(À ne pas confondre avec les petits cailloux noirs !)

Solution page 243

Cinéphile

Mme Mémorus aime le cinéma, des grands classiques aux films les plus récents. **Elle vous propose de relier les vedettes à leur pellicule :** Anémone, Bruce Willis, Cary Grant, Kirk Douglas, Daniel Craig, Eddie Murphy, Gary Cooper, Louis Jouvet, Marion Cotillard, Uma Thurman.

Dans Le père Noël est une ordure, *elle tricote des gants à trois doigts pour les lépreux de Djakarta.*

L'une des rares actrices françaises à obtenir un Oscar.

Dans Drôle de drame, *il trouve que c'est bizarre d'avoir dit bizarre.*

Dans La Mort aux trousses, *il est poursuivi par un avion.*

C'est lui, le flic de Beverly Hills.

Il a joué dans Le train sifflera trois fois *et* Vera Cruz.

Il a interprété Vincent van Gogh et Spartacus.

La vedette principale de Piège de cristal.

Il est le 6e acteur à interpréter James Bond.

Elle joue dans Pulp Fiction, *qui remporta la Palme d'Or au festival de Cannes.*

Solution page 243

Le dernier total

Mme Numérix vous propose ce petit casse-tête : chaque signe représente une valeur, et le nombre situé au bout de chaque rangée et de chaque colonne correspond au total des valeurs de cette rangée ou colonne.

Un total manque : trouvez-le !

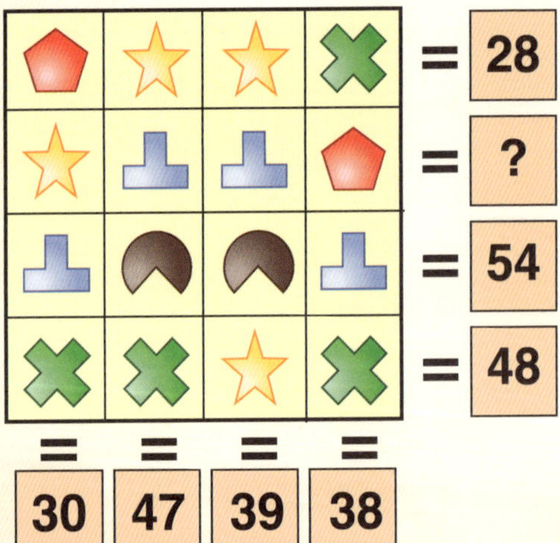

Solution page 244

Mme Visionome

Mini-échiquier

Mme Visionome a sur son bureau un mini-échiquier et deux pions. Chaque jour, elle déplace un pion d'une case (horizontalement, verticalement ou en diagonale). L'échiquier de lundi est représenté en 1 et les jours suivants de 2 à 6. Les images ne sont pas dans l'ordre, et l'échiquier n'est pas toujours représenté du même point de vue.

Quel est l'échiquier de samedi ?

Solution page 244

Carton percé

Pouvez-vous aider M. Textart à placer les pastilles au bon endroit dans le carton ? Vous formerez ainsi un proverbe.

Lequel ?

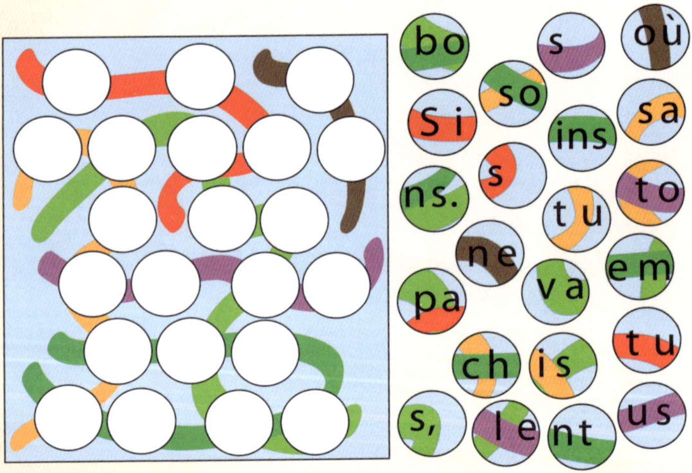

Solution page 245

M. Dicomax

Mot à trouver

M. Dicomax vous propose de trouver un mot grâce aux informations suivantes : je suis une partie du corps et des sept lettres différentes de mon nom...

Que suis-je ?

aucune ne se trouve dans	PEDANT
une est dans	ENIGME
deux sont dans	DEPLIANT
trois sont dans	SIMPLE
quatre dans	MOULAGES
et cinq dans	MINCEURS

Solution page 245

Bifaces

M. Pigevite a cinq fiches avec une lettre inscrite sur le recto et une autre lettre sur le verso. Il a ainsi formé, avec ses cinq fiches, les mots ci-dessous. Si l'on retourne l'une après l'autre les fiches du dernier mot, **quel nouveau mot formera-t-on ?**

B	O	U	D	E
T	I	E	N	S
D	I	N	G	O
↓	↓	↓	↓	↓

Solution page 246

Ô châteaux

Mme Mémorus apprécie les châteaux et les belles demeures. Elle vous demande d'**associer chacune des personnes suivantes avec l'une des demeures ci-dessous** : Catherine de Médicis, Diane de Poitiers, le duc de Guise, François Ier, Napoléon Ier, Napoléon III, Nicolas Fouquet, Richelieu, Talleyrand.

- Chambord
- Château de Blois
- Château de Valençay
- Chenonceau
- Château de Malmaison
- Palais du Luxembourg
- Palais-Royal
- Château de Pierrefonds
- Vaux-le-Vicomte

Solution page 247

M. Textart

Titre embrouillé

M. Textart, cinéphile, vous propose ce jeu : barrez, dans chaque carré de neuf lettres, celles qui composent le mot de six lettres donné en définition au-dessous. Celles-ci doivent se suivre de case en case. Les lettres non barrées formeront le titre d'un film : **lequel ?**

R	L	D	S	E	M	C	I	P
N	I	O	O	M	E	Q	L	E
M	R	U	I	T	E	U	O	P

Occupation nocturne — L'alpiniste en rêve — On n'écrit pas avec son encre

D	M	H	M	E	E	L	N	G
R	O	E	A	C	E	I	M	L
E	A	M	N	N	H	C	T	E

On en pince pour lui — Effets d'avocat — La raison lui fait défaut

Solution page 247

Bateaux et équipage

Mme Numérix a constaté que :

- le bateau avec trois fois plus de voiles que le bateau bleu a deux personnes à bord de plus que le bateau qui a deux voiles de moins que le bateau rouge ;
- le bateau avec deux fois moins de voiles que le bateau vert a deux fois plus de personnes à bord que le bateau qui a deux voiles de plus que le bateau vert ;
- le bateau qui a deux voiles de plus que le bateau bleu a six personnes de moins à bord que le bateau qui a quatre voiles de moins que le bateau rouge.

Combien y a-t-il de personnes à bord de chaque bateau ?

Solution page 248

Anacyclique

M. Dicomax trouve qu'il y a toujours plus d'une façon de voir les choses, même certains mots. En voici un exemple. Complétez chaque ligne de la grille afin de former un mot se lisant de gauche à droite qui correspond à la définition de gauche, et un mot se lisant de droite à gauche qui correspond à la définition de droite. Le mot ainsi formé dans les cases jaunes se lira de bas en haut et inversement.

Quel est ce mot ?

Signe de passage							Distance entre deux choses
Extrait du sang							Elles ne sont plus vertes
Étendre							Raconté en détail
Aplanit							Très jeune poisson
Consommer tout rond							Nettoya de nouveau
Preuves d'achat							Consommer sans croquer

Solution page 248

Être constant

M. Textart se trouve devant cet étrange texte, où, par une aberration informatique, chaque mot est accompagné d'un autre qui n'a rien à voir. Retrouver le texte original de Benjamin Constant n'est pas si évident !

Barrez à chaque fois un des deux mots pour retrouver le texte original.

Acheter/vendre pour/une vendre/ou deux/c'est personnes/du c'est/commerce de/mais pas/la concurrence/corruption. Entre/En partenaires/acheter peu/beaucoup c'est/plus de/prudent et/la publicité/réalistes.

Solution page 249

M. Pigevite

Chasse au trésor

M. Pigevite participe à un jeu de chasse au trésor. Il doit trouver des grosses pièces d'argent et des petites pièces d'or, comme les deux déjà placées. Chaque pièce a été cachée de sorte qu'elle n'en côtoie aucune autre (même en diagonale). Les chiffres en haut et à gauche indiquent le nombre de cases dans l'alignement correspondant qui comprennent une pièce ou une partie de pièce.

Trouvez l'emplacement des pièces !

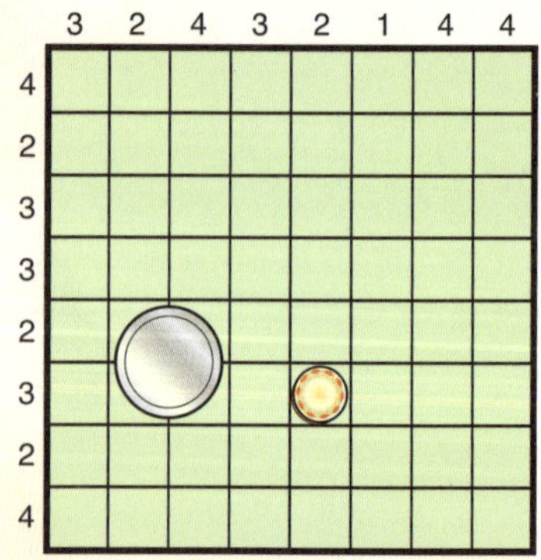

Solution page 249

Mme Visionome

Le palais des hexagones

Mme Visionome, architecte à ses heures, a conçu ce palais des Hexagones, où l'on ne peut passer d'une pièce hexagonale à une autre que si elles ont la même couleur en vis-à-vis.

Trouvez le chemin de 1 à 2.

Solution page 250

Mme Cétouvu

Superpositions

Mme Cétouvu vous pose cette question : **quels fragments numérotés peuvent se superposer à la grille A ?** Il faut prendre les pièces sans les tourner.

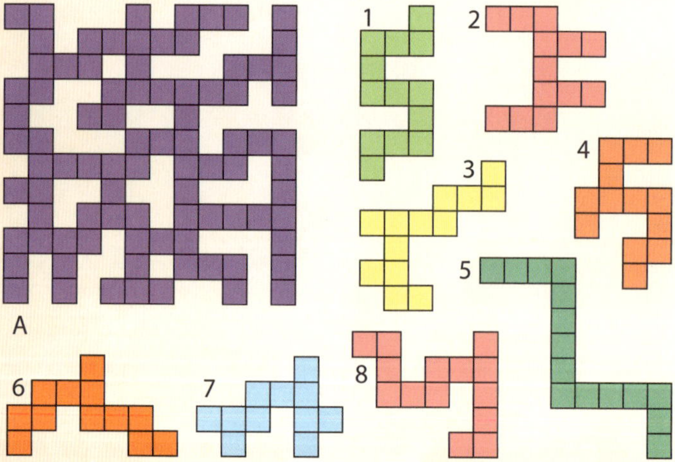

Solution page 250

Mme Mémorus

Galerie

Mme Mémorus s'intéresse à l'art et ses tableaux préférés forment une galerie un peu éclectique.

Donnez à chaque tableau son peintre.

La Montagne Sainte-Victoire

Le Jardin des délices

Diptyque Marilyn

La Laitière

Le Baiser

La Tempête

Les Demoiselles d'Avignon

La Vierge aux rochers

Le Joueur de fifre

La Grande Odalisque

Bosch
Cézanne
Giorgione
Ingres
Klimt
Manet
Picasso
Vermeer
Léonard de Vinci
Warhol

Solution page 251

Marché

Au marché près de chez Mme Numérix, les légumes se vendent à l'unité, en ludics et toujours en nombre entier. Mme Numérix peut établir le prix d'une tomate, d'un poireau et d'une carotte à l'aide des informations suivantes.

Et vous ?

Solution page 251

La pirogue

M. Pigevite fait de la pirogue avec quatre amis une fois par semaine. Ils ont décidé que, chaque fois, ils s'installeraient dans le bateau dans un ordre différent. Comme il n'y a que cinq places, les unes derrière les autres, il ne pouvait pas y avoir de confusion. « Puis, quand il n'y aura plus de façons différentes de s'installer, on fera autre chose ! », dit M. Pigevite.

Pendant combien de temps feront-ils de la pirogue ?

Solution page 252

Mme Cétouvu

Élixir

Les éléments de l'élixir de sérénité sont tenus très secrets, mais Mme Cétouvu a réussi à les trouver. Son verre contient les quatre ingrédients indispensables. Tous les autres verres ne contiennent qu'un seul de ces éléments.

Quel est le verre de Mme Cétouvu ?

Solution page 252

M. Dicomax

Capitales

M. Dicomax cache des mots dans une grille. Ils se lisent par groupes de lettres qui se suivent d'une case à l'autre, dans tous les sens. M. Dicomax a inscrit les noms de 12 pays et, pour vous mettre sur la voie, il vous donne leurs capitales : Antananarivo, Bakou, Dodoma, Managua, Manille, Minsk, Nouakchott, Ouagadougou, Riyad, Vaduz, Wellington, Yamoussoukro.

Trouvez les pays !

LE	EL	RE	NO	EC	INA	RK	OR	US
ZE	VOI	UV	LI	FA	HE	EL	BU	SIE
D'I	LA	TE	UA	SO	BI	NS	GA	MA
NDE	TE	CO	DI	AG	SA	SC	TE	DA
NES	PI	ER	AR	OU	AR	IE	IN	TA
IP	AZ	NIC	BA	IT	JAN	MA	AB	NZ
IL	PH	IE	AN	ID	UR	AR	AN	IE

Solution page 253

Cita-puzzle

Une fois assemblé, le puzzle de M. Textart forme une phrase.

Trouvez l'emplacement des pièces et formez une citation.

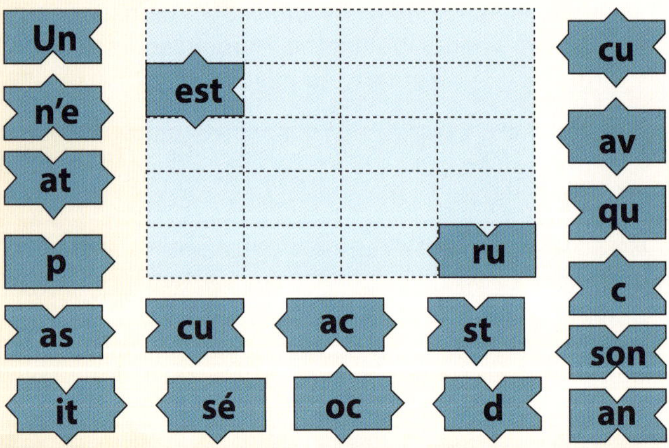

Solution page 253

Mme Numérix

La part du lion

« Sur un T-shirt vendu 12 ludics, observe Mme Numérix, la part de l'ouvrier ne pèse pas lourd. »

Selon les indications suivantes, combien reçoit l'ouvrier ?

La moitié du prix, ce sont les frais de douane.

17 % vont à l'importateur.

Et 6,3 % sont prélevés par le pays exportateur.

Le détaillant reçoit 1,68 ludics.

Un huitième revient à l'intermédiaire.

Et le reste va à l'ouvrier du textile !

Solution page 254

Mme Visionome

Clichés

Mme Visionome a photographié des œuvres, dont une des particularités est que les faces opposées sont identiques. Certaines œuvres ont été photographiées plus d'une fois dans des positions différentes.
Combien d'œuvres différentes y a-t-il en tout ?

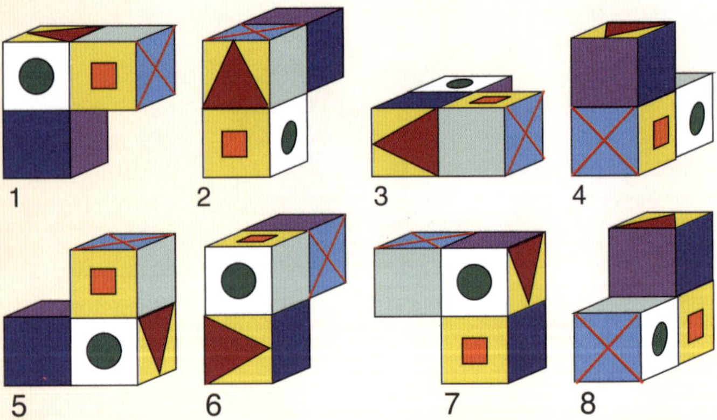

Solution page 254

Intru-rébus

Amateur de rébus, M. Dicomax vous présente plusieurs mots dessinés et vous demande de **trouver le ou les intrus.**

Solution page 255

M. Pigevite

Casting

Une collègue explique rapidement à M. Pigevite qui sont ces jeunes gens regroupés au fond du bâtiment : « Louis est juste à la gauche de Tom, Alex est juste à la droite de Mathieu, Simon a Louis juste à sa gauche, Daniel regarde dans la même direction que Tom, mais dans l'autre sens que Mathieu. »

Donnez à chacun son prénom.

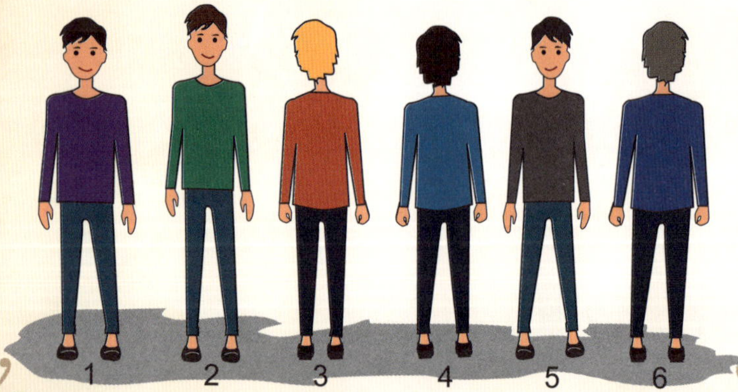

Solution page 255

Mme Visionome

Presse-papier

Mme Visionome a créé trois presse-papiers identiques, en forme de cube. Elle vous pose la question suivante :
quel dessin se trouve sous la face inférieure du troisième presse-papier ?

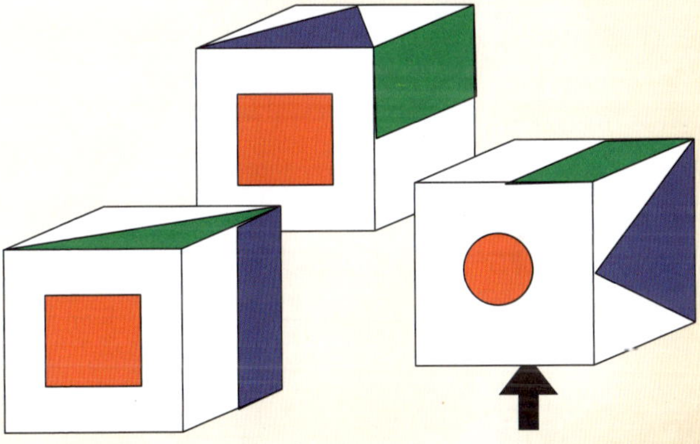

Solution page 256

La roue de Ronald

M. Textart apprécie tout particulièrement cette roue à texte !

Trouvez la citation du chanteur M.

Solution page 256

Mme Numérix

Nombres croisés

Complétez la grille à la manière de mots croisés, mais avec des chiffres. Aucun des nombres ainsi constitués ne commence par 0.

Horizontalement :

A. Nombre palindromique (qui se lit dans les deux sens)
B. Nombre divisible par 5 et 6
C. La somme des trois chiffres différents de ce nombre = 17
D. Le plus petit des trois chiffres est 5
E. La somme des cinq chiffres différents de ce nombre = 34

Verticalement :

F. Carré
K. Nombre divisible par 9 et 4
G. Premier nombre premier en trois chiffres
H. Ce nombre comprend trois chiffres identiques, un 5 et un 0
I. Multiple de 111 inférieur au nombre en B
J. Le produit des deux chiffres = 28
L. Cube

	F	G	H	I	J
A					
B				■	
	■ K C				■ L
D		■			
E					

Solution page 257

Parcours

Mme Visionome a caché la clef de son coffre à trésors sous une dalle de la cuisine. Pour la trouver, il faut d'abord recréer un parcours selon les indications ci-dessous. Les dalles numérotées correspondent à des étapes : ainsi la dalle 7 représente la septième du parcours, la 31 la trente et unième, etc. Par ailleurs, le tracé ne se recoupe jamais, pas même en diagonale.

La clef est cachée sous la 25e dalle : trouvez-la !

56									
								45	
						31			
3		7							
2					13				
1									

Solution page 258

M. Dicomax

Volatiliser

M. Dicomax vous demande de remplir la grille en trouvant un seul mot de huit lettres qui s'inscrit dans le sens horaire et permet de former trois mots horizontaux et trois mots verticaux.

Quel est ce mot ?

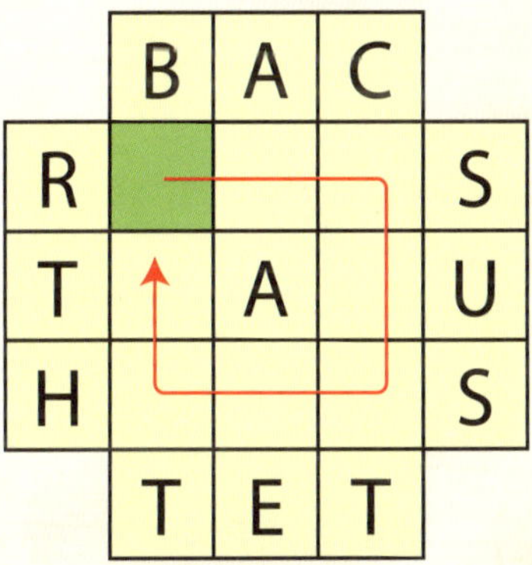

Solution page 258

Post-it codé

M. Textart a commencé à décoder ce message que lui a laissé un mystérieux ami.
Pouvez-vous déchiffrer la suite ?

Reviens me donner de ces
pizzas vraiment poivrées.
Leur saveur
particulièrement relevée
accompagne agréablement
chaque repas de Pedro
Escudero (client précieux !).
Salutations, Étienne

Solution page 259

Peinture

Mme Visionome demande à son mari trois pots de peinture de couleurs différentes afin de peindre ces volumes de façon à ce qu'il n'y ait jamais la même couleur sur deux faces qui se touchent (c'est-à-dire qui partagent une même arête). Mais M. Visionome lui fait remarquer que, pour certains volumes, une couleur supplémentaire est nécessaire.

Pour lesquels ?

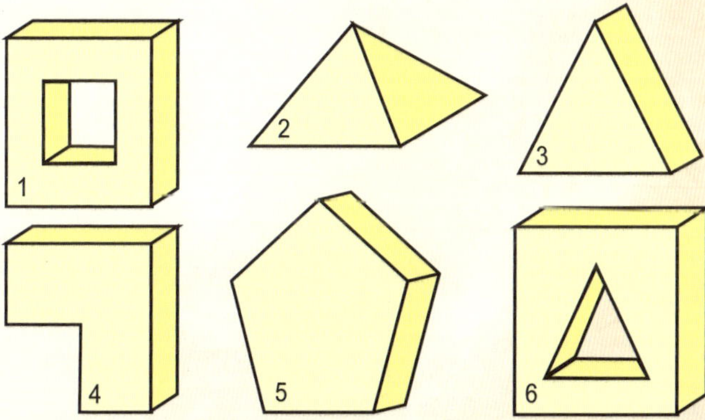

Solution page 259

Carte cachée

M. Pigevite s'amuse souvent à inventer des casse-tête de cartes. En voici un autre de son cru.

Par quelles cartes faut-il logiquement remplacer les deux jokers ?

Solution page 260

Mme Cétouvu

Pièce de puzzle

Mme Cétouvu vérifie l'état d'anciens puzzles. Ici, elle constate qu'il y a à la fois une pièce qui manque et une qui vient d'un autre puzzle.

Trouvez la pièce qui manque et celle en trop !

Solution page 260

Déchiffrer le dicton

M. Textart fait appel à votre sagacité pour que vous l'aidiez à comprendre le proverbe ci-dessous.

Quelle phrase a la signification la plus proche de la maxime ?

Quand le vin est tiré, il faut le boire

1. Si un processus est engagé, il faut le mener à son terme.
2. Chaque chose vient en son temps.
3. Quand quelqu'un s'est donné la peine de faire un travail, il faut l'honorer.
4. S'il y a un temps pour le travail, il y en a aussi un pour les réjouissances.
5. Il faut suivre l'ordre naturel des choses.

Solution page 261

Carré de jetons

Mme Numérix souhaite équilibrer les valeurs du carré pour que la somme des nombres de chaque alignement horizontal, vertical et des deux grandes diagonales soit égale à 20. Pour cela, il lui suffit de déplacer trois jetons vers une case adjacente (diagonales comprises), vide au moment du transfert.

Trouvez les jetons et les déplacements.

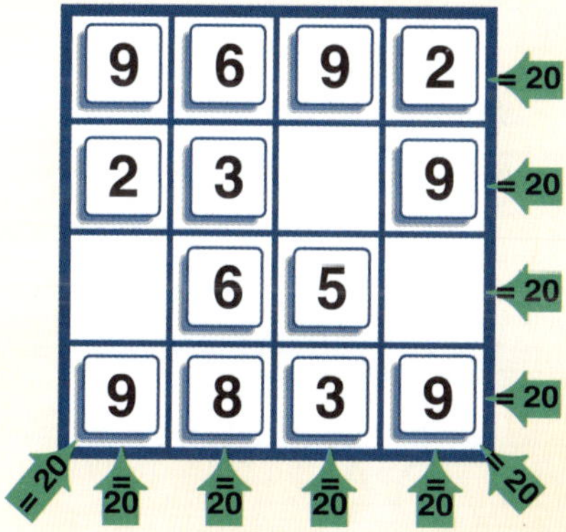

Solution page 261

Pyramide

M. Dicomax vous invite à jouer à la pyramide de mots. À chaque rangée, il faut inscrire un mot, selon les définitions. Chaque mot comprend les lettres du mot juste en dessous (pas nécessairement dans le même ordre) et y retranche une lettre.

Trouvez les sept mots !

□	
□ □	Ajoute
□ □ □	Désigne
□ □ □ □	Division d'une pièce
□ □ □ □ □	Qualité de ce qui brille
□ □ □ □ □ □	Partie d'une soupape
□ □ □ □ □ □ □	Source de richesse
□ □ □ □ □ □ □ □	Se porte sur la poitrine
C L E O P A T R E	

Solution page 262

Analogie

M. Pigevite vous propose cette analogie.
Choisissez le premier et le dernier mot pour former une analogie logique.
Combien de solutions trouvez-vous ?

Bosquet
Chêne
Poutre
Cerf

.... est à bois
ce que
sanglier est à ....

cochon
défense
gibier
marcassin

Solution page 262

Sets de table

Mme Cétouvu a commandé six sets de table selon le modèle A, ci-dessous. Quand elle les reçoit, cependant, elle s'aperçoit que le modèle n'a pas toujours été suivi.

Combien de sets sont identiques au set A ?

Solution page 263

Mme Mémorus

Il y a 100 ans

Passionnée d'histoire, en 2020, Mme Mémorus s'interroge souvent sur le passé. Voici quelques questions qu'elle se pose et un choix de réponses.

À vous de coupler les deux !

Que se passait-il, il y a environ...
... il y a 100 ans ? ... il y a 300 ans ?
... il y a 400 ans ? ... il y a 500 ans ?
... il y a 600 ans ? ... il y a 900 ans ?

- Le naufrage de la Blanche-Nef où périt la descendance de Guillaume le Conquérant.
- Les premiers colons anglais arrivent en Amérique à bord du Mayflower.
- Le traité de Troyes, qui confirme la suprématie des Anglais après la bataille d'Azincourt.
- La banqueroute de Law.
- Le camp du Drap d'Or, la rencontre entre François Ier et Henri VIII d'Angleterre.
- L'entrée en application du traité de Versailles.

Solution page 263

Mme Visionome

Lingots

On a caché 15 lingots dans cet étang. Mme Visionome a établi que ces lingots occupent chacun trois cases complètes, en hauteur ou en largeur, et qu'ils ne se touchent pas entre eux (même par un angle). Les numéros sur le côté indiquent le nombre de cases contenant un lingot dans l'alignement correspondant.

Trouvez les lingots !

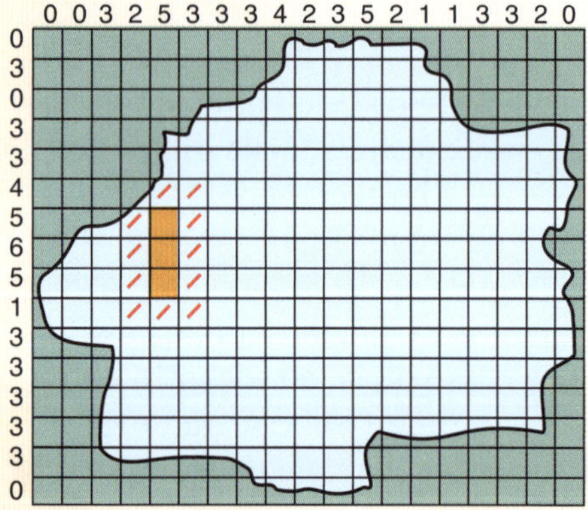

Solution page 264

Pays et habitants

M. Dicomax joue avec ses amis à des jeux de vocabulaire. Quand l'un dit le nom des habitants d'un pays, un autre doit trouver le nom du pays en question.

Formez les paires !

Magyar	Belgique
Wallon	Grèce
Helvète	Maroc
Batave	Hongrie
Hellène	Pays-Bas
Chérifien	Suisse

Solution page 264

M. Pigevite

La valeur des jetons

M. Pigevite a disposé ci-dessous des jetons numérotés de 1 à 9 :

- le 1 se trouve sur des jetons d'une valeur totale de 13 ;
- le 2 touche uniquement deux jetons dont la somme est 10 ;
- le 3 touche plus de jetons que le 4 ;
- le 5 est sous un ou plusieurs jetons d'une valeur totale de 6 ;
- le 7 touche plus de deux jetons ;
- le 8 est sous le 9.

Donnez à chaque jeton sa valeur.

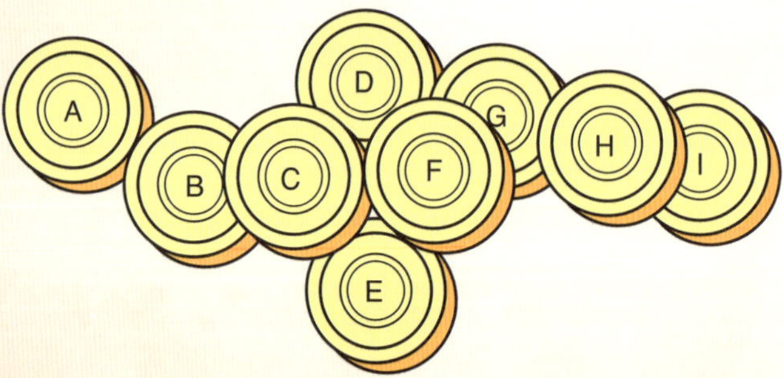

Solution page 265

Mme Cétouvu

Déplacement

Mme Cétouvu crée des formes sur son ordinateur.
De A à B, les figures ont changé de place.
Combien ont changé d'orientation ?

Solution page 266

Mariage ou mariage

M. Textart a de nouveau mélangé deux citations. Cette fois-ci, ce sont des textes sur le mariage, l'un de Jean Rostand, l'autre de Michel Déon. Les mots de chaque citation viennent dans le bon ordre.

Départagez les deux citations !

LE MARIAGE EST LE CÉLIBATAIRE TROP DÉCRIÉ EST CELUI POUR QUI N'AVOIR PREND PAS BEAUCOUP LE MARIAGE DE TRÈS BON AU SÉRIEUX.

Solution page 266

Cycles

Mme Numérix passe chez le marchand de vélos et examine les cycles pour enfant : bicyclettes, tricycles et trottinettes.

« Vous en avez combien, en tout ? demande-t-elle au vendeur.
– En tout, répond celui-ci avec malice, ça me fait 36 guidons, 24 selles et 79 roues.
– Parfait, merci », répond-elle, satisfaite du renseignement.

Combien y a-t-il de chaque sorte de cycles ?

Solution page 267

Gardiens

Un gardien du parc demande un coup de main à Mme Visionome. Pour surveiller les allées du parc, explique-t-il, il y avait au début un gardien à chaque rond-point, puis le resserrement des effectifs obligea à changer de méthode.

Où, demande-t-il, faut-il placer en tout et pour tout trois gardiens, afin que toutes les allées continuent d'être surveillées ?

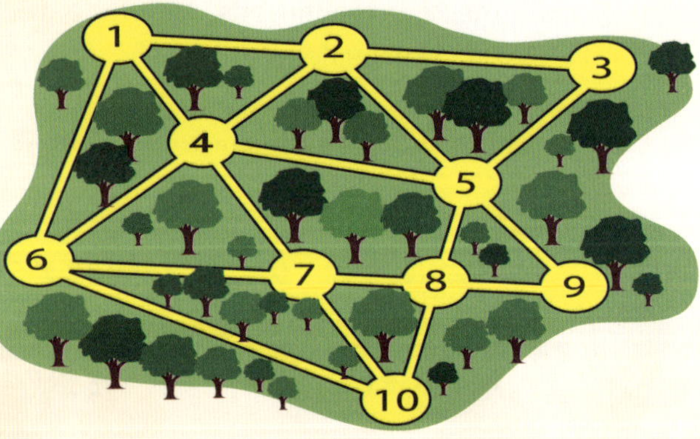

Solution page 267

À double sens

M. Dicomax vous propose de chercher des mots qui répondent à la fois aux définitions de droite et de gauche. Une fois ces mots inscrits, un autre mot sera formé verticalement.

Lequel ?

Pratique	Meuble à tiroirs
Géant des mers	Tient le parapluie
Soutient	Huis
Chemise	Partie de siège
Suite régulière	Commande
Profession	Lieu d'extraction
Interdiction	Dent saillante
Élément vertical	Somme totale
Roue dentée	Graine de conifère
Satisfait	Narrent

Solution page 268

M. Textart

Ce qui se conçoit bien...

Voici d'autres textes qui contrarient M. Textart
par leur manque de clarté.
Dans quelle(s) phrase(s) l'auteur est-il en faveur de la publicité ?

1. Je ne suis pas anti-publicité.
2. Je n'ai rien contre ceux qui critiquent les publiphobes.
3. Je m'oppose aux contre-manifestations des lobbys de groupes publicitaires.
4. Il serait parfaitement fallacieux de prétendre que je ne combats pas les activités des opposants aux groupes anti-pubs.

Solution page 268

Mme Visionome

Scarabées sacrés

Mme Visionome vous invite à faire glisser trois scarabées d'une case (diagonales comprises) pour en avoir trois dans chaque rangée, chaque colonne et chacune des deux grandes diagonales.

Trouvez les scarabées et leurs déplacements.

Solution page 269

Mme Cétouvu

Carreaux de faïence

Mme Cétouvu s'est découvert une passion pour les carreaux de faïence. Ses préférés sont les trois qui apparaissent deux fois chacun (pas plus).

Trouvez-les !

Solution page 269

M. Pigevite

Fruit comestible

Le premier guide lui a dit : « Les baies comestibles sont rouges. »
Le second a ajouté : « Les baies comestibles sont rondes. »
Le troisième a dit : « Les baies comestibles viennent par paires. »
Le quatrième a conclu : « Les baies ne sont comestibles que quand elles ont une tige verte. »

Il se trouve que l'un d'eux se trompe complètement, mais M. Pigevite ne sait pas lequel. Pourtant, il a bien faim. Au moins un fruit est comestible : **lequel conseilleriez-vous ?**

Solution page 270

Le bon chemin

Mme Mémorus demande son chemin dans un quartier qu'elle ne connaît pas, et on lui donne les instructions ci-dessous : *Partez droit devant vous, prenez la première à gauche, puis, au prochain croisement, tournez à gauche. Ensuite, prenez la quatrième à gauche et la première à droite. Au bout de la rue, vous y êtes !*

Si Mme Mémorus part de D et qu'elle suit bien les instructions, à quel numéro arrivera-t-elle ?

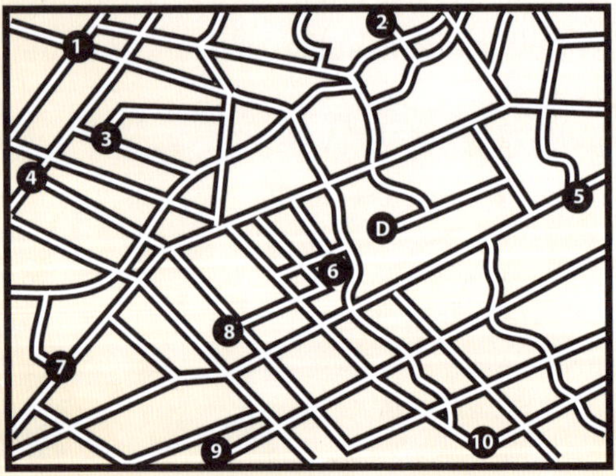

Solution page 270

Fort bizarre

M. Pigevite participe à un jeu télévisé et arrive à un stade où il doit décider du chemin à prendre. Le meneur de jeu lui donne un simple conseil : « Ne suis les conseils des clowns que si tu peux établir qui dit la vérité et qui ment ! »

À la place de M. Pigevite, par quelle porte passeriez-vous ?

Solution page 271

Mme Cétouvu

Mot éclaté

Mme Cétouvu s'amuse à découper des petits carrés !

Si les petits carrés numérotés étaient à leur place dans la grille, quel mot pourrait-on lire ?

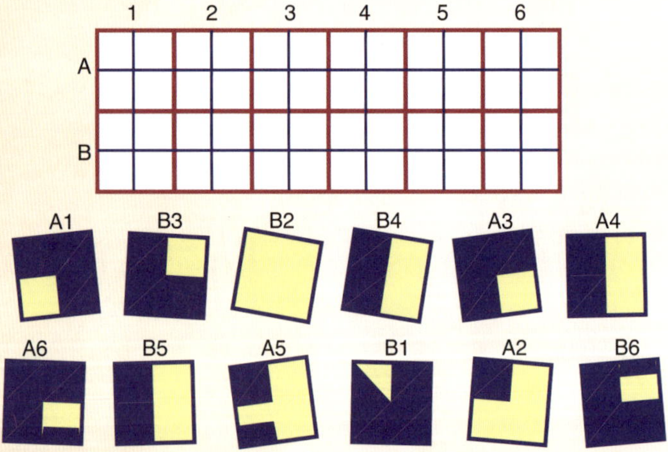

Solution page 271

Mme Numérix

Déverrouillage

Lors d'un parcours d'aventure, Mme Numérix doit placer des jetons aux emplacements prévus (A à F) pour activer un mécanisme qui déverrouillera une porte. Une fois les jetons en place, il faut que :

A = B + C

A + B = C + D = E + F

A + B + C = 12

B + C = D + E

Pouvez-vous l'aider ?

Solution page 272

Rajouts

M. Textart s'est amusé à rajouter six mots à une citation. Cette fois-ci, c'est un texte de Jean Jaurès qu'il a dénaturé.

Trouvez les mots qu'il faut barrer pour reformer la citation d'origine.

« C'est en allant vers la patrie mer que le peuple tel un fleuve reste fidèle à sa source de désagréments. »

Solution page 272

Bibliothèque

Mme Numérix a partagé les livres d'une bibliothèque avec ses frères et sœurs.

Combien y avait-il de livres au départ ?

Solution page 272

Mme Visionome

Connexions

Mme Visionome prépare les plans d'un circuit intégré et, pour cela, elle doit relier chaque paire de numéros (1 au 1, 2 au 2, etc.) par un trait continu qui n'en croise jamais un autre. Par ailleurs, il ne faut pas tracer plus d'un trait dans chaque carré.

Comment fait-elle ?

				1						2
	5	3			4					
							5			
		2								
		4						3		
					1					

Solution page 273

Mme Mémorus

Capitales

Mme Mémorus s'intéresse aux drapeaux et aux capitales. Elle combine les deux pour vous poser la question suivante : quatre capitales des pays dont les drapeaux se trouvent ci-dessous ont la particularité d'avoir un nom qui commence par la même lettre.

Quels sont les drapeaux en question ?

Solution page 273

M. Dicomax

Chaque lettre à sa place

M. Dicomax bute sur ce casse-tête apparemment fort simple : il faut former un mot en plaçant les lettres données dans l'une des cases proposées.

Pouvez-vous l'aider ?

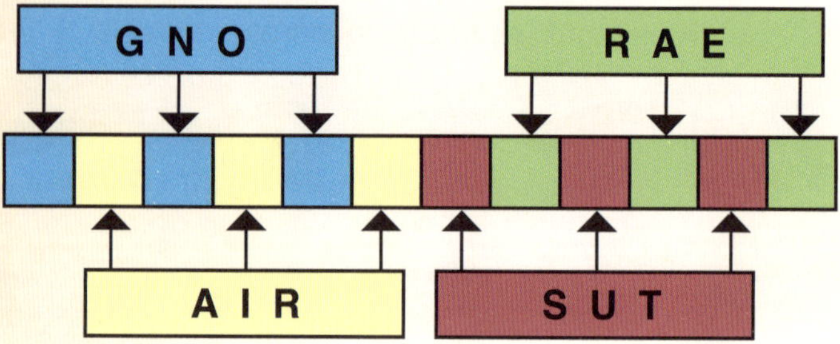

Solution page 274

M. Pigevite

Tricoteuses

M. Pigevite a trois amies sœurs, Hélène, Maïwenn et France, qui sont passionnées de tricot. L'une ne tricote que des bonnets, une autre que des écharpes et la dernière que des gants.

1. Entre France et Hélène, celle des deux qui a tricoté le moins d'articles est l'aînée des trois sœurs.
2. Il y a moins d'écharpes que de bonnets.
3. Entre Maïwenn et France, la plus âgée des deux est celle des trois sœurs qui a tricoté le plus grand nombre d'articles.
4. Celle qui tricote les bonnets est plus jeune que celle qui tricote les gants.
5. Entre Hélène et Maïwenn, celle qui a tricoté le plus grand nombre d'articles est la plus âgée des trois.

Qui tricote quoi ?

Solution page 274

M. Textart

Titre embrouillé

M. Textart, cinéphile, vous propose ce jeu : barrez dans chaque case le mot de six lettres correspondant à la définition au-dessous. Le mot est formé de lettres qui se suivent de case en case. Les lettres non barrées formeront le titre d'un film : **lequel ?**

T	L	E	M	B	M	R	I	R
A	A	N	U	A	L	O	D	G
M	A	D	E	N	G	S	U	C

S'envoie pour de l'argent — Bouteille de fête — Montrer ses émotions

A	S	P	R	S	E	O	L	P
R	L	E	I	E	T	U	M	I
E	U	E	E	N	I	D	S	N

Ce qui était autour du fruit — Au fond de l'œil — Il lui faut du grain à moudre

Solution page 275

Tic-tac

En une heure, la pendule de Mme Numérix retarde de 10 minutes et la pendule de Vincent avance de 5 minutes. La prochaine fois qu'elles indiqueront la même heure, ce sera l'heure juste.

Quelle heure est-il ?

Solution page 275

Mot de passe

M. Dicomax a du mal à se souvenir des mots de passe de ses nombreuses applications. Il les note donc, mais de façon camouflée. Pour trouver l'un d'entre eux, il faut résoudre la logique de cette grille et trouver le mot qui manque dans la dernière case : c'est le mot de passe.

Un conseil : regardez bien les lettres qui reviennent !

TRUIES	SCIURE	BIDULE
SATIRE	ACIERS	DIABLE
ROUTES	SOURCE	?

Solution page 276

M. Textart

Stèle

M. Textart a reçu cette étrange stèle. Il s'agit d'un proverbe romain écrit en français, mais de façon codée.

Aidez-le à déchiffrer ce texte !

Solution page 276

Carré cassé

Mme Cétouvu a découpé plusieurs carrés de papier bleu, mais le vent a emporté la plupart des morceaux. Il ne reste qu'un fragment qui s'emboîte avec le A pour former un carré.

Lequel ?

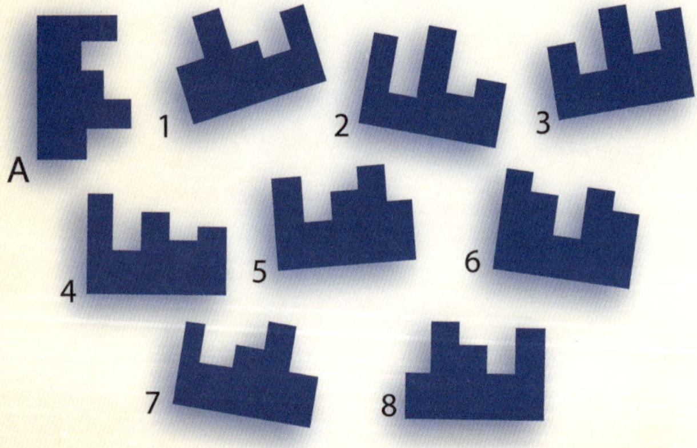

Solution page 276

Mme Visionome

Poteaux perdus

Mme Visionome doit indiquer aux services de la voirie dans quelle ville ils doivent installer ces poteaux.

Aidez-le, placez les poteaux !

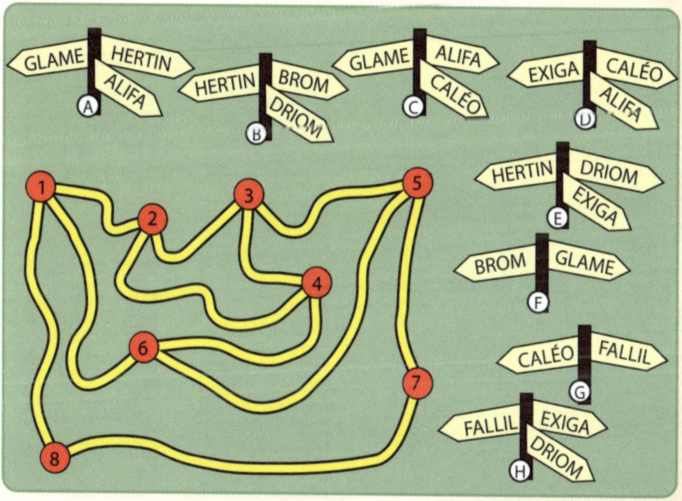

Solution page 277

Mme Cétouvu

Clapet

Mme Cétouvu possède deux plaques de verre reliées par un système qui permet de rabattre parfaitement l'une sur l'autre.

Dans ce cas, quelle figure obtient-on ?

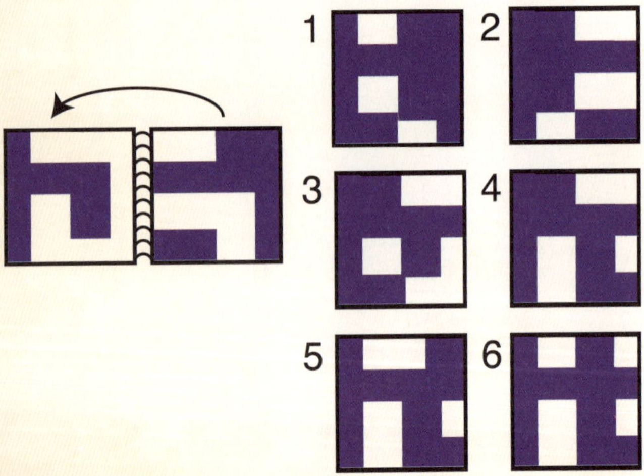

Solution page 277

M. Pigevite

Thé logique

M. Pigevite invite des amis à prendre le thé, mais chacun doit trouver sa tasse par déduction logique.

M. Pigevite leur explique que :

- les tasses d'Arnaud et de Stéphanie sont de la même couleur ;
- la tasse de Caroline est juste à droite de celle de Denis ;
- Il y a deux tasses entre celle d'Arnaud et celle de Philippe.

Qui doit prendre quelle tasse ?

Solution page 277

Mme Visionome

Trou dans le mur

Mme Visionome veut restaurer ce vieux mur.

Combien de briques sombres et combien de briques claires doit-elle commander pour respecter le dessin géométrique du mur ?

Solution page 278

M. Pigevite

Les faussaires

De vrais billets chez les faussaires ! À force de copier des billets, les faussaires ne savent plus lesquels sont vrais et lesquels sont des copies. Le détective, lui, sait que dans chacun des tas ci-dessous, il y a un vrai billet et deux faux.

Trouvez les vrais !

(Bien entendu, un billet, s'il est faux une fois, est faux partout ailleurs et inversement.)

Solution page 278

Mme Cétouvu

7 boules de cristal

Mme Cétouvu collectionne les presse-papiers en cristal.
Elle en a sept qui contiennent trois mêmes motifs.
Lesquels ?

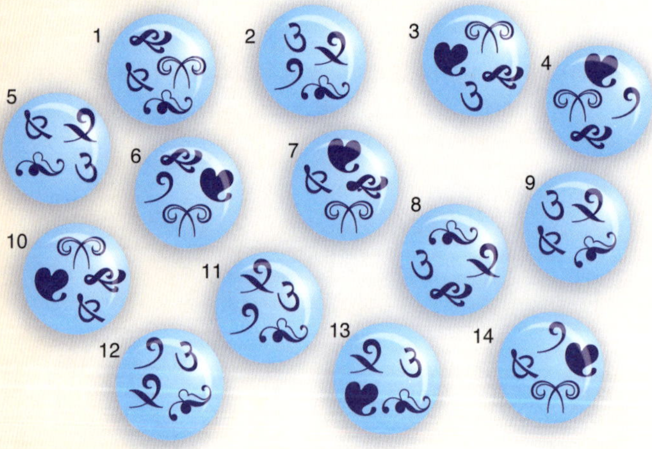

Solution page 279

M. Dicomax

Mots croisés

M. Dicomax vous propose de résoudre ce jeu de mots croisés visuels.

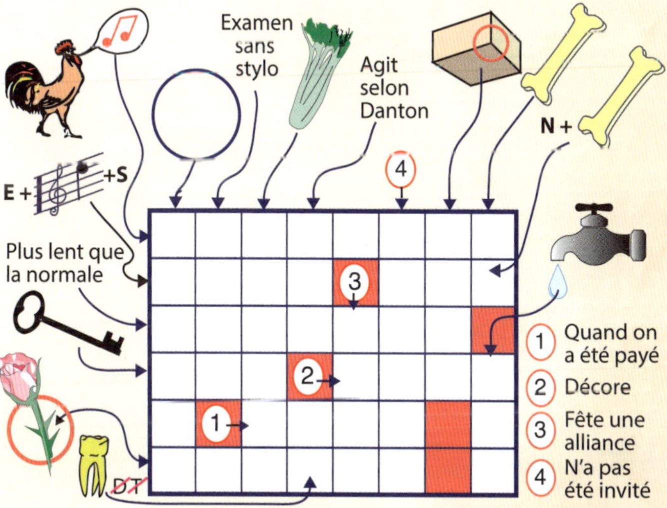

Solution page 279

Sculpture

Mme Visionome souhaite peindre chaque face de cette sculpture d'une couleur différente.

Combien de couleurs lui faudra-t-il ?

Solution page 280

Mme Numérix

Additions

Mme Numérix a inscrit ces deux additions en remplaçant un chiffre par un carré et un autre chiffre par un rond.

Trouvez les deux chiffres cachés.

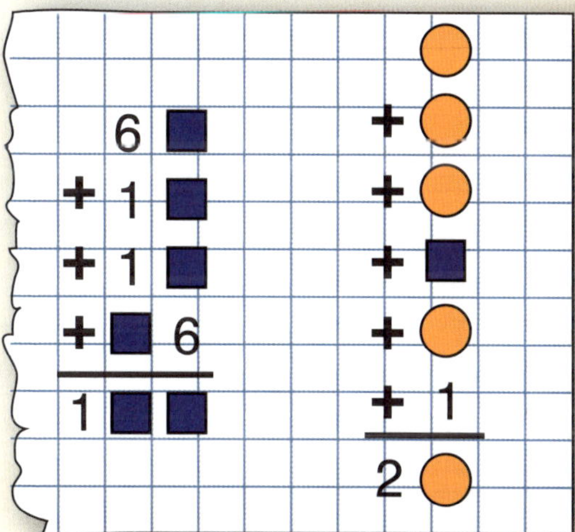

Solution page 280

Mini-grille

M. Dicomax a créé une mini-grille de mots avec des jetons et son fils en a retourné plusieurs.

Trouvez les quatre lettres qui se trouvent au verso des ronds, des carrés, des triangles et des hexagones, puis formez six mots.

Solution page 281

M. Pigevite

Autoréférent

M. Pigevite peut compléter cette phrase, pour qu'elle soit exacte, en plaçant une voyelle dans la case jaune et un nombre en toutes lettres dans la case bleue.

Combien de solutions différentes existe-t-il à cette énigme ?

LA VOYELLE [ ] EST ÉCRITE [ ] FOIS DANS CET ENCADRÉ.

Solution page 281

Multi-sommes

Mme Numérix s'amuse à former successivement le plus grand nombre de sommes différentes avec ces huit jetons.

Combien de sommes entre 3 et 42 est-il impossible d'obtenir ?

Solution page 282

M. Textart

Toubib

M. Textart collectionne des citations inscrites sur des bandelettes et il découvre, avec consternation, que son petit neveu s'est amusé à les découper, mot par mot.
Remettez les mots ci-dessous dans le bon ordre pour former une phrase de Montherlant.

Un d'honoraires
ordonnance par vous
vous rechute guérit une
qui sa par unc note
médecin donne

Solution page 282

Mme Numérix

Collectionneuses

Deux amies de Mme Numérix sont collectionneuses de gravures. Mais, tandis que l'une augmente sa collection, l'autre est en train de vendre la sienne. **Dans combien de mois auront-elles le même nombre de gravures ?**

Solution page 282

Mme Visionome

13 pièces

Mme Visionome a caché 13 pièces sous des tomettes de la remise, puis elle s'est fait le plan ci-dessous pour pouvoir les retrouver. Chaque chiffre indique le nombre de pièces qui se trouvent sous les tomettes situées autour de ce chiffre. Sachant qu'il n'y a jamais plus d'une pièce par tomette et aucune sous celles avec un chiffre, **trouvez la position des 13 pièces**.

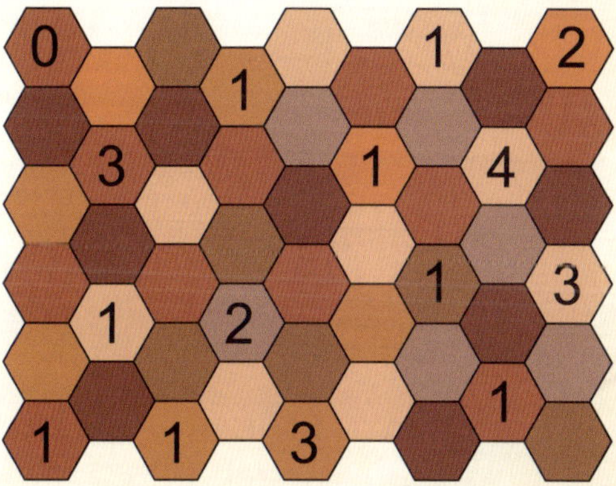

Solution page 283

M. Dicomax

Remplacements

M. Dicomax formait des mots avec des jetons jaunes et Mme Dicomax les transformait en remplaçant trois jetons jaunes par trois jetons rouges. L'ordre des jetons, jaunes ou rouges, n'est pas modifié.

Trouvez l'emplacement des jetons rouges qui permet de transformer tous les mots.

A N C R A G E	M O N A C A L
R E C I T A L	P I L O R I S
E M B A R G O	T O M B E R A
A R S E N A L	E G A L I T E

A N A	B O L	D I A	N I C
O I S	P A N	U E I	U M E

Solution page 283

M. Pigevite

Coucous

M. Pigevite constate que pas une de ces trois pendules à coucou n'est à l'heure. Elles ont un décalage avec l'heure juste de 5, 15 et 25 minutes ! M. Pigevite s'empresse de les remettre à l'heure, mais il doit attendre (au moins un quart d'heure) avant que les trois coucous sortent pour chanter l'heure.

Combien de temps M. Pigevite doit-il attendre exactement ?

Solution page 284

Woody le dit

M. Textart a deux citations de Woody Allen.
La seconde est codée (mais elle n'est pas totalement indépendante de la première...).
Pouvez-vous la déchiffrer ?

Dans cent ans qu'aimeriez-vous que l'on dise de vous ?
– J'aimerais que l'on dise :
il se porte bien pour son âge !

11,1. 1,2. 8,2. 1,1. 2,2. 3,3.
6,1. 5,3. 2,2. 8,3. 2,4. 14,2. 5,2. 2,3. 3,3. 3,1.
2,4. 10,2. 5,3. 17,4. 6,3. 5,4. 10,1. 5,2. 1,4.
17,3. 8,4. 17,1. 10,2. 3,2. 3,3. 2,2. 8,3.

Solution page 284

Mme Visionome

Superposition

Ces trois plaques de plastique transparent qui pivotent sur le même axe devaient autrefois avoir un rôle bien précis. Mais, maintenant, il ne s'agit plus que d'un souvenir que Mme Visionome s'amuse à faire pivoter. **Quand les trois plaques sont superposées, combien reste-t-il de zones blanches (transparentes) ?**

Solution page 285

Mme Cétouvu

Smiley

Mme Cétouvu recense les smileys qu'elle reçoit dans ses mails.

Combien de smileys identiques (même visage, même couleur) apparaissent trois fois ?

Solution page 285

Mme Mémorus

Héros et héroïnes

Mme Mémorus, grande lectrice, vous propose de trouver, pour chacun des romans ci-dessous, le nom d'un de leurs personnages principaux :

Charles Swann
Fabrice del Dongo
Gervaise
Meursault
Lucien de Rubempré
La Esmeralda
Folcoche
La marquise de Merteuil
Le capitaine Nemo
Milady de Winter

Solution page 286

Le jeu de l'intrus

M. Dicomax vous propose ce jeu, dans lequel il faut trouver le mot intrus qui diffère de tous les autres proposés.

Lequel est-ce ?

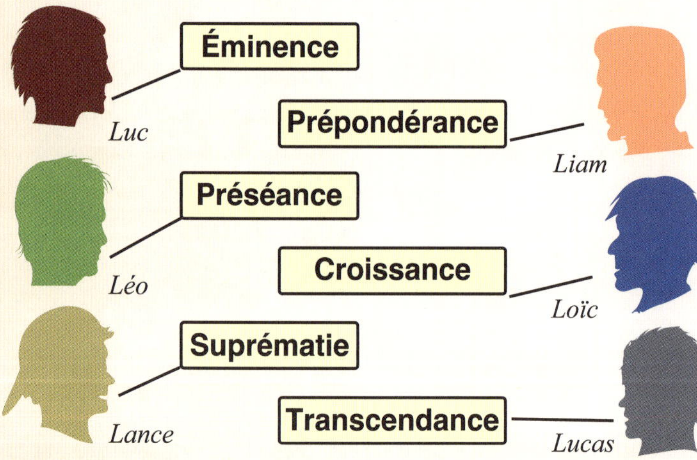

Solution page 286

M. Textart

Montaigne au clair

M. Textart n'a pas trouvé la raison pour laquelle quelqu'un a codé une citation de Montaigne à l'aide de petits dessins... En revanche, il a décodé la phrase sans trop de mal. Pour vous aider à faire de même, il vous indique que la première lettre est un Q et que la dernière est un T.

Décodez !

Solution page 287

Matrice logique

M. Pigevite vous propose ce casse-tête. Les figures dans la matrice A sont disposées selon une certaine logique. **Trouvez cette logique pour identifier les deux cases numérotées qui complètent l'ensemble.**

A

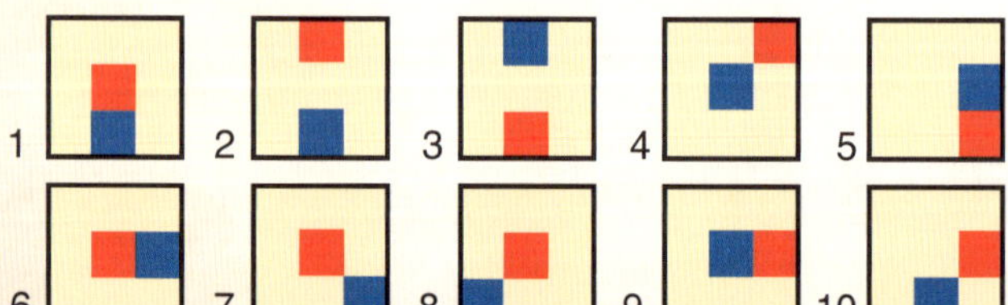

Solution page 288

Mme Cétouvu

Insectes

Mme Cétouvu observe les insectes avec attention et connaît de nombreuses espèces différentes.
Combien de dessins d'insectes différents y a-t-il ici ?

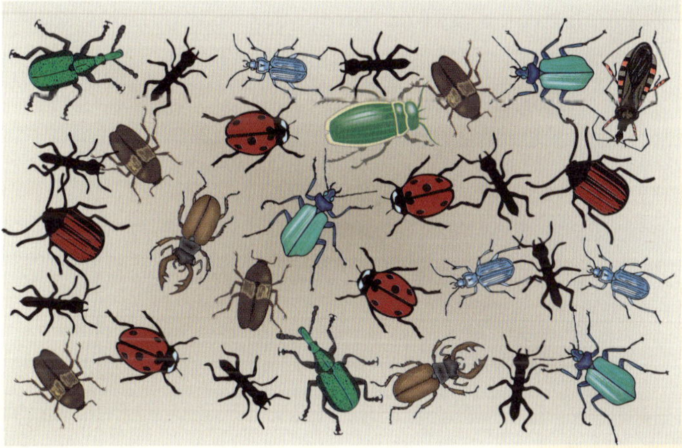

Solution page 289

Roues de lettres

M. Dicomax vous propose ces roues : il faut trouver la lettre qui manque dans chaque roue pour former le nom d'une boisson. À vous de trouver la première lettre et le sens de la lecture.

Les lettres ajoutées forment le nom d'une autre boisson : laquelle ?

Solution page 289

Mme Numérix

Arithmétique d'autrefois

Mme Numérix retrouve un ancien manuel d'arithmétique datant de la Troisième République et découvre un nombre impressionnant d'exercices. Elle ne manque pas d'être surprise par le rôle important qu'y tient le vin, ainsi que par le type de questions que devaient affronter les jeunes élèves, sans, bien entendu, l'assistance d'une calculette. En voici deux extraits :

« Un débitant avait une pièce de vin de 225 litres à 0,75 franc le litre. Il y a mis de l'eau, a revendu le litre au même prix et a vendu le tout pour 185 francs. **Combien de litres d'eau y a-t-il ajouté ?** »

« Une famille boit par jour 2 litres de vin à 1,25 franc le litre. Si elle remplace le vin par 4 litres de bière à 0,19 franc le litre, **quelle sera l'économie d'une semaine ?** »

Solution page 290

Mme Visionome

Bâtiments

Mme Visionome vous présente ce groupe d'immeubles vu des quatre points cardinaux, ainsi que par une vue aérienne (comprenant un jardin au centre en vert). Votre défi : sur la vue aérienne, **notez la hauteur des bâtiments**. (Pour simplifier : notez 1, 2 ou 3 selon que le bâtiment a une hauteur de 1, 2 ou 3 petits carrés ; et n'oubliez pas que l'on voit les bâtiments plus hauts situés derrière.)

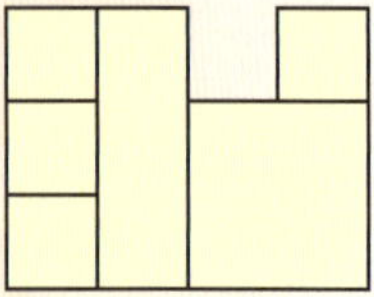

Façade sud

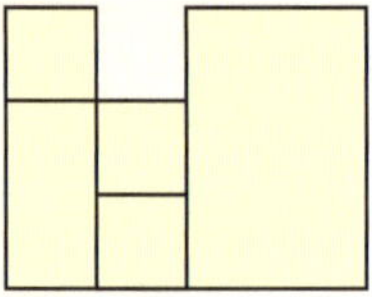

Façade nord

Vue aérienne

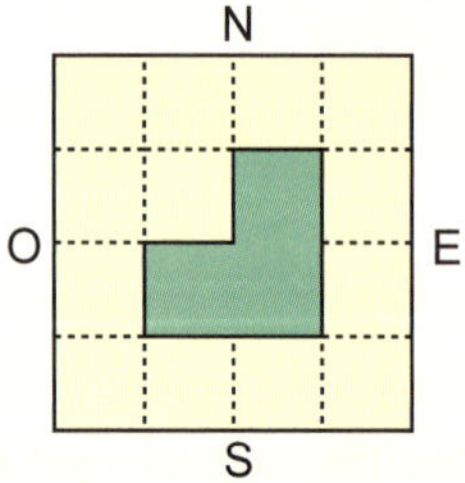

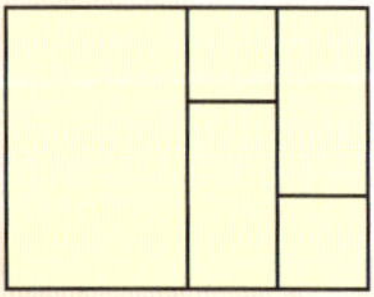

Façade ouest

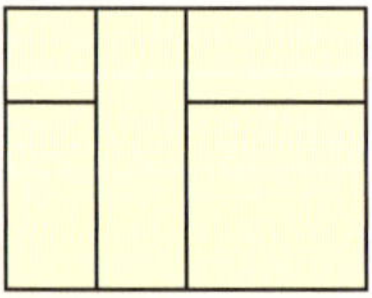

Façade est

Solution page 290

M. Textart

Le mot juste

De nouveau, M. Textart n'arrive pas à trouver le mot juste et, une fois de plus, il a besoin de votre aide.

Complétez les phrases suivantes avec les mots proposés et trouvez celui en trop.

L'enchanteur a .... son souhait.
Il a .... les manants à se révolter.
Le duc a .... ses serfs des corvées.
L'immeuble a été .... d'un étage.
Le prêtre a .... la femme dérangée.

1. exorcisé 2. exaucé 3. exhorté
4. excorié 5. exhaussé 6. exonéré

Solution page 291

Colimaçon

M. Dicomax a parfois une drôle de façon de poser ses questions, mais essayez quand même d'y répondre.

Quelle est votre réponse ?

Relevez la deuxième lettre du dixième mot de cette phrase, puis la troisième lettre avant la fin du texte. Maintenant, prenez l'avant-dernière lettre de la phrase précédente, la seconde lettre de « menu » et la première lettre du second mot de la première phrase : quel mot formez-vous ?

Solution page 291

M. Pigevite

Cartes cachées

De deux jeux de cartes différents, M. Pigevite a retiré deux valets, deux dames, deux rois et deux as, et les a placés face cachée, comme ci-dessous.

- Il y a deux trèfles, deux carreaux, deux cœurs et deux piques.
- Il y a deux cartes identiques, de pique toutes les deux.
- Les deux rois viennent de jeux différents, ne se touchent pas et sont chacun placés par-dessus deux autres cartes.
- Les deux as se touchent et l'un des deux touche deux trèfles.
- Les deux dames viennent du même jeu et ne touchent pas les rois.
- Une carte de cœur touche les deux piques et un carreau.

Identifiez chacune des cartes !

Solution page 292

Code couleur

M. Textart vous propose à nouveau de trouver une citation dans une grille, citation de Robert de Flers, cette fois-ci. Certaines lettres sont déjà données. Six autres, ainsi que les cases noires représentant les espaces, sont remplacées par une couleur, toujours la même.

Trouvez la citation.

Lettres à utiliser : A, I, N, O, R, T et ■

Solution page 293

Mme Numérix

Addition croisée

Mme Numérix vous propose à nouveau une grille d'additions croisées. Les nombres dans les flèches indiquent la somme de tous les chiffres de l'alignement correspondant. Chaque alignement ne comporte que des chiffres différents et pas de zéro.

Complétez la grille avec un chiffre par case !

Solution page 293

M. Dicomax

D'un mot à l'autre

M. Dicomax vous propose de passer du mot « vague » au mot « houle » par étapes successives, en ne changeant qu'une lettre à la fois, les autres restant à leur place.

Trouvez une solution avec sept étapes.

V	A	G	U	E
H	O	U	L	E

Solution page 294

Crypto

M. Textart vous invite à percer le secret de la cryptographie et découvrir ce texte de Simenon.

Décodez !

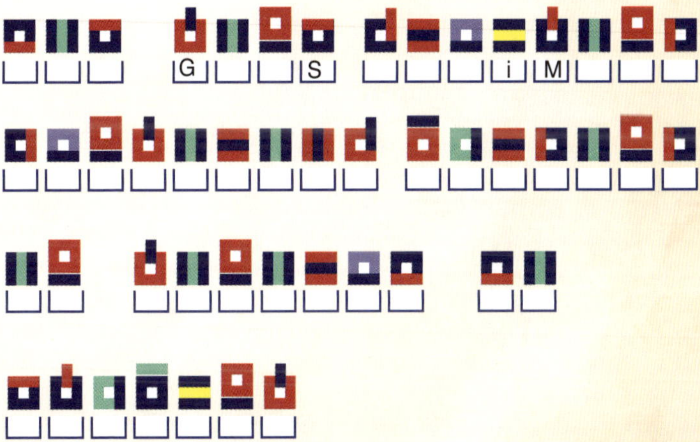

Solution page 294

Mme Cétouvu

Couverts

Mme Cétouvu constate que certains des couverts ont été déplacés.

Mais combien ?

Solution page 295

Mme Visionome

Le revers de la médaille

Mme Visionome vous invite à trouver les quatre médailles qu'il faut retourner pour avoir autant de faces hiver que de faces été le long de chaque rangée, chaque colonne et des deux grandes diagonales.

Trouvez les quatre médailles qu'il faut retourner.

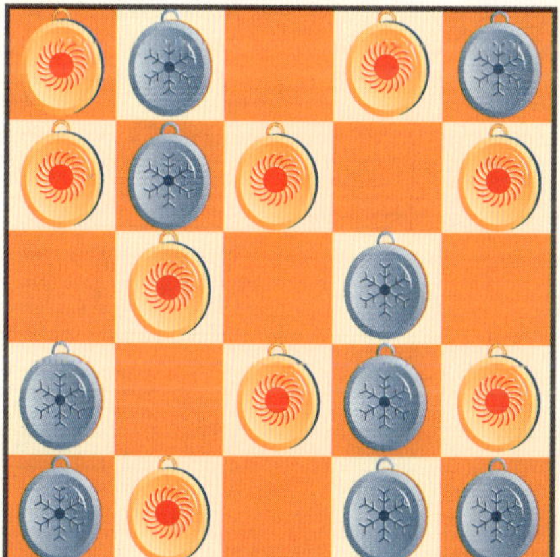

Solution page 295

Mme Cétouvu

Pistes

Mme Cétouvu vous propose de nouveau un casse-tête visuel : **si les petits carrés étaient à leur place, combien de pistes vertes séparées y aurait-il ?**

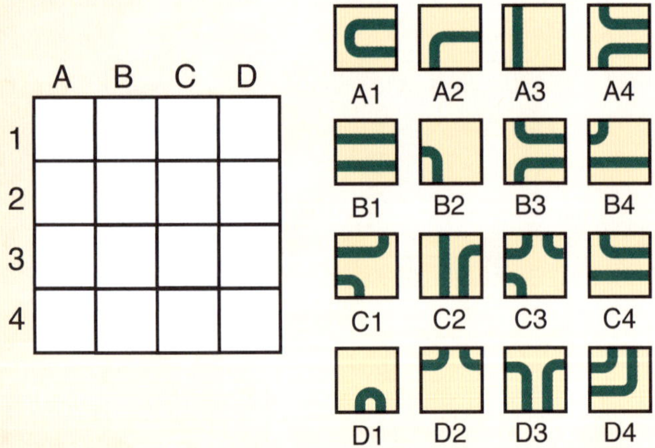

Solution page 296

Mme Numérix

La valeur des jetons

Dans le jeu de Mme Numérix, chaque jeton a une valeur comprise entre 1 et 9. Si les jetons dans le cercle valent 18, ceux dans le triangle valent 11, et ceux dans le carré 10. Et si la valeur de tous les jetons avec un signe noir est de 12, la valeur totale des cinq jetons est de 22.

Trouvez la valeur de chaque jeton.

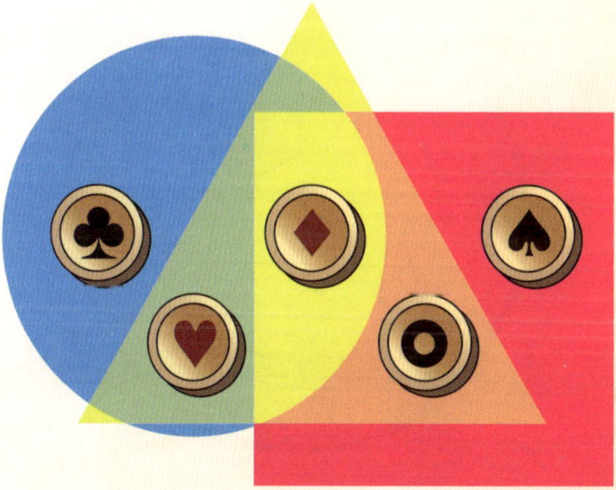

Solution page 296

Mme Visionome

Avant la magie

« Pour ce tour, dit le magicien à Mme Visionome, il faut placer les sept jetons sur le plateau de façon à ce que deux chiffres consécutifs ne se trouvent jamais dans des sections voisines. Le 7 se place au centre. »

Mme Visionome trouve la disposition des jetons, et vous ?

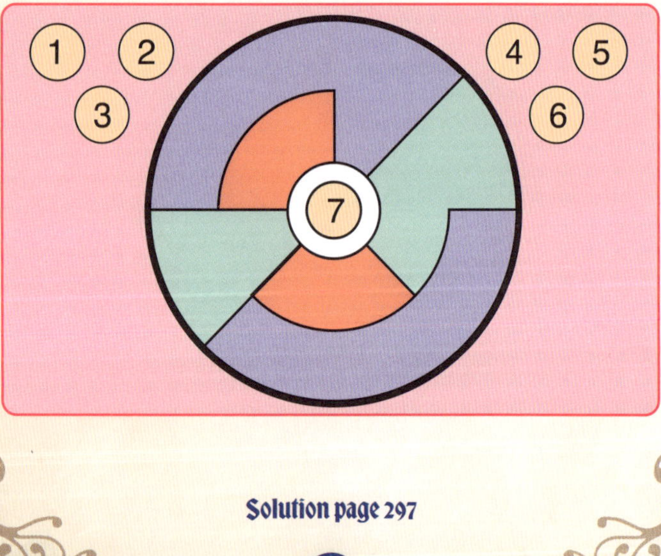

Solution page 297

Toxiques

M. Pigevite a effectué une étude pour déterminer lesquels de ces produits étaient toxiques. Voici ses conclusions :

- si un produit est à la fois dans les groupes Alpha et Bêta, il est toxique ;
- si un produit est dans Bêta, mais pas dans Gamma, il est toxique ;
- les produits dans le groupe Gamma sont toxiques, sauf ceux qui se trouvent aussi dans deux autres groupes.

Lesquels de ces produits sont toxiques ?

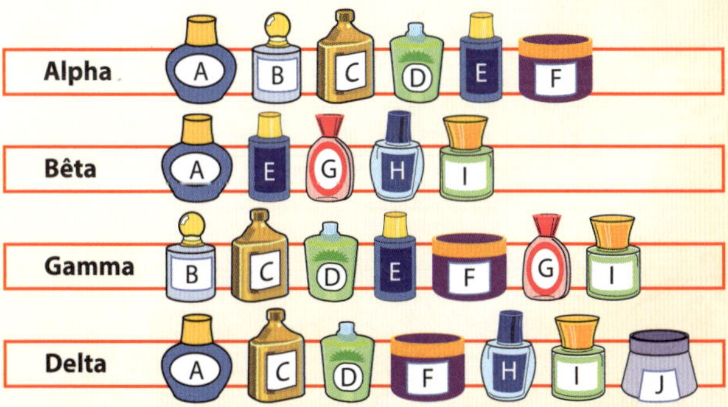

Solution page 297

Superpositions

Mme Cétouvu se pose la question suivante :
est-il possible d'obtenir la figure A en ne superposant
que deux des plaques numérotées ?
Si oui, lesquelles ?

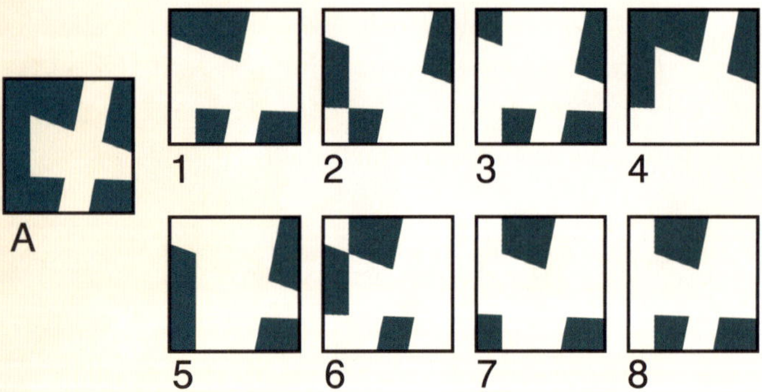

Solution page 298

M. Textart

Cita-puzzle

M. Textart joue de nouveau avec ses pièces de puzzle-citation.

Trouvez l'emplacement des pièces et formez une citation de Pierre Desproges.

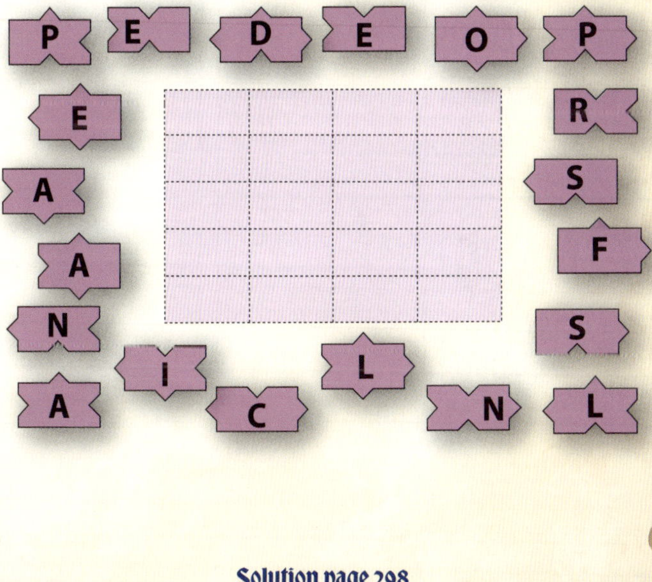

Solution page 298

Mme Cétouvu

Cases jetons

Mme Cétouvu trie les jetons d'un jeu de société.

Combien de jetons apparaissent dans plus d'une case ?

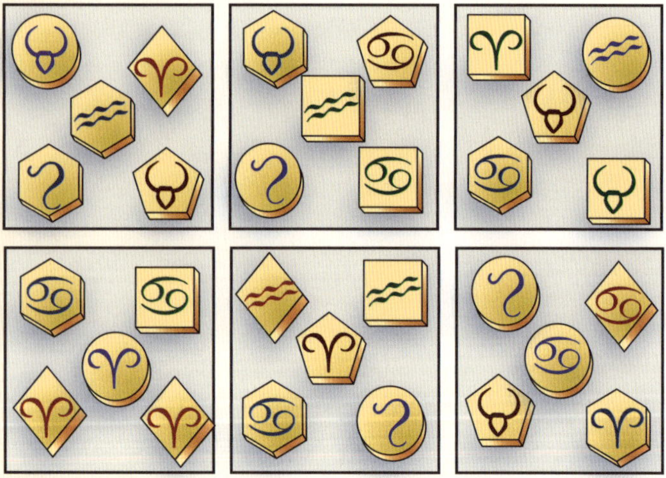

Solution page 299

Dernier carré

Mme Numérix vous pose la question : **quel nombre faut-il placer logiquement dans le dernier carré ?**

Solution page 299

Découpe

M. Dicomax a de nouveau découpé une grille avec quatre mots inscrits horizontalement. Au moment de reconstituer la grille, il ne se souvient que de l'emplacement de quelques lettres. Pouvez-vous l'aider ?
Reconstituez la grille et trouvez les quatre mots.

Solution page 300

M. Pigevite

Cinoche

Elsa, Johanna, Chaïma et Jade, les amies de M. Pigevite, ont chacune été voir un film d'action.

Qui a vu quoi ? Qui dit quoi ?

1 

Moi, j'ai vu *Mégalotrip* et c'était super, mais Johanna, elle a été voir *Paranodream* et elle me dit que c'est mieux.

2 

Jade a vu *Destructor* et elle m'a dit que c'était « bof ».

3 

Chaïma a été voir *Impérator*. Elle a plutôt apprécié.

4 

Ni Chaïma ni Elsa ne sont allées voir *Paranodream*. Elles m'ont dit que les critiques étaient plutôt mauvaises. Pourtant, moi, j'ai apprécié.

Solution page 301

Mot pour mot

M. Textart a de nouveau des ennuis avec son secrétaire qui inverse les mots. Aidez-le à corriger ces textes.

Corrigez ces phrases en échangeant chaque fois la place de deux mots.

Le charbon est de la conserve en chaleur.

La maîtrise de sa sagesse est le début de la tristesse.

La politesse sournoise une arme est efficace et désarmante.

L'ingénieur lui de la radio son a vendu un casque.

Solution page 301

Mme Numérix

Chaussettes

Au marché de Logipolis, les paires de chaussettes se vendent par lots, mais Mme Numérix souhaite quand même connaître la valeur des paires de chaque couleur.

Avec l'aide des prix indiqués, trouvez la valeur des chaussettes blanches.

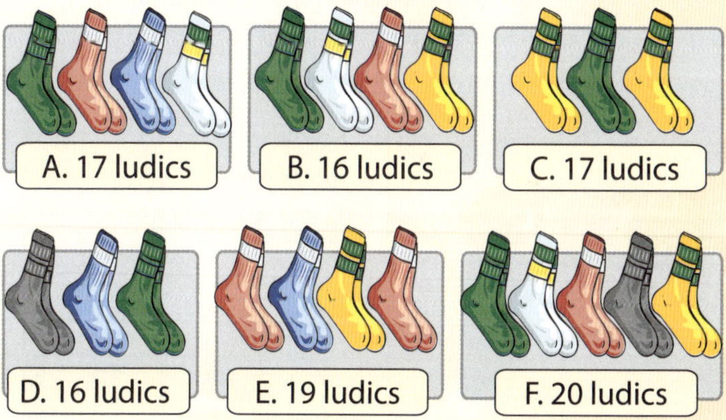

Solution page 302

Mme Visionome

Instructions

Mme Visionome essaye de suivre les instructions du contremaître : « Prenez la figure A, faites-la tourner de 90° dans le sens des aiguilles d'une montre, coupez-la verticalement au milieu pour obtenir deux parties de même surface, puis placez celle de gauche à droite de l'autre, et inversez les couleurs. »

Si elle ne s'est pas trompée, quel est le résultat obtenu ?

Solution page 302

M. Dicomax

Le jeu des homonymes

M. Dicomax propose une autre séance du jeu des homonymes. Rappelons les règles : chacun propose une paire de mots qui suggère des homonymes et le gagnant est celui qui propose une paire dont l'orthographe est identique.

Quel est le gagnant ci-dessous ?

- *Lize* : **Simplet / récipient**
- *Léa* : **S'amuse / pommette**
- *Laure* : **Professeur / placer**
- *Lili* : **Disgracieux / breuvage**
- *Line* : **Oiseau / lancer**
- *Lou* : **Cochon / Havre**

Solution page 303

M. Textart

Interrogation d'écrivain

M. Textart veut reconstituer cette interrogation d'Alexandre Vialatte, déchirée en fragments par un neveu farceur.

Remettez les fragments dans l'ordre !

Que la par sans ser

jonc ait l'im du

fait sub vie tif ?

Solution page 303

Alpha-cubes

Mme Visionome a disposé ces cubes géants avec des lettres pour former un mot que la personne juste derrière peut lire aisément. Tous les cubes sont identiques.
Quel mot peut-elle lire ?

Solution page 304

M. Textart

Les mots dans l'ordre

M. Textart a écrit une citation d'Anatole France
dans les ronds ci-dessous.
Trouvez la citation en plaçant les mots dans le bon ordre.

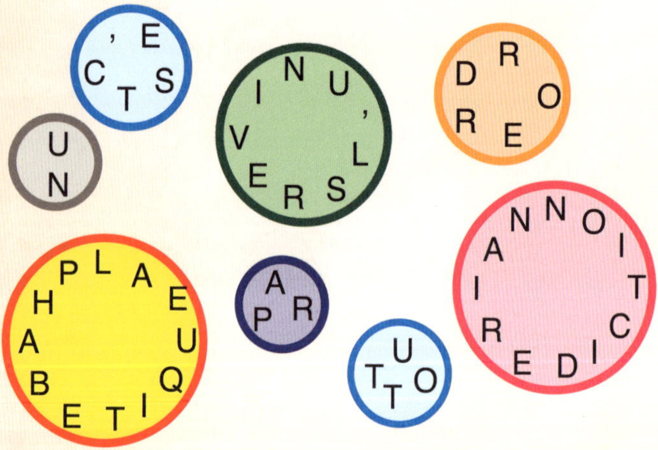

Solution page 304

M. Pigevite

Ludics en carré

M. Pigevite a disposé quatre pièces de 20 ludics pour qu'elles ne se touchent pas et quatre pièces de 5 ludics qui, elles, au contraire, touchent toutes au moins une autre pièce de 5 ludics. Enfin, il a placé une pièce de 10 ludics pour que cette pièce ait à droite, sur la même rangée, une valeur en ludics deux fois supérieure à la valeur qui est au-dessus de la pièce de 10.

Où se trouve la pièce de 10 ludics ?

Solution page 305

En plus

M. Dicomax a remarqué que de nombreux mots peuvent être transformés en les faisant précéder d'une nouvelle lettre. Il vous invite à jouer avec cette particularité en ajoutant une lettre avant chacun des mots ci-dessous. Souvent, plus d'une lettre est possible, choisissez celles qui formeront un nouveau mot verticalement. Ce mot peut, à son tour, être transformé en y ajoutant une lettre.

	A	C	C	O	R	D
	R	A	I	S	O	N
	A	R	G	U	E	R
	R	O	G	U	E	S
	C	O	U	L	E	R
	E	D	I	T	E	R
	C	H	A	S	S	E
	O	M	B	R	E	S
	R	O	U	B	L	E

Laquelle ?

Solution page 305

Solutions

Page 5 • À chacun son métier

Benoît est administrateur.

On remarque que les prénoms suivent alphabétiquement d'une place le nom de la profession. Mais comment choisir entre administrateur et avocat ? En regardant de plus près, on verra que ce sont les trois premières lettres du prénom qui suivent les trois premières lettres du métier. Donc, pour Benoît, il faut un métier qui commence par « adm- ».

Page 6 • L'amour et la haine

« L'amour est une fumée faite de la vapeur des soupirs. »
William Shakespeare

« La haine est un tonique, elle fait vivre,
elle inspire la vengeance. »
Honoré de Balzac

Page 7 • Écrits vains

1. Simone de Beauvoir (beau – voir)
2. Boris Vian (vit – an)
3. Albert Camus (K – mues)
4. Marguerite Duras (dur – as)
5. Frédéric Dard
6. Louis Aragon (ara – gond)
7. André Malraux (mal – rôt)
8. Françoise Sagan (sa – gant)
9. Alexandre Jardin (jars – daim)
10. Michel Houellebecq (où est le bec ?)

Page 8 • Le revers de la médaille

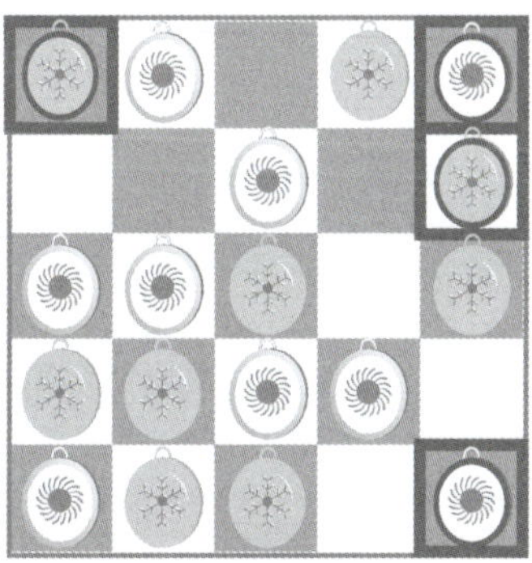

Page 9 • Ouverture

Il doit appuyer sur B, A et B.

Le bouton A détermine le cadran actif (en rouge) qui peut ensuite être modifié par B. Chaque pression fait passer le cadran actif au cadran suivant vers la gauche (et, après le 3e à gauche, on revient au 1er à droite). Chaque pression sur B fait tourner la flèche de 90° dans le sens inverse de celui des aiguilles d'une montre. Il faut donc appuyer une fois sur B (la flèche dans le cadran du milieu passe vers le haut), puis une fois sur A (pour que le cadran actif soit celui de gauche) et encore une fois sur B pour mettre la flèche vers le haut.

Page 10 • Soldes

Mme Cétouvu doit prendre les lots 2, 3, 6 et 8.

Solutions

Page 11 • Voisins

C'est l'Allemagne qui a le plus de voisins frontaliers :
9 en tout (Danemark, Pays-Bas, Belgique, Luxembourg, France, Suisse, Autriche, République tchèque et Pologne).
Elle est suivie de :
- l'Autriche, avec 7 voisins (8 si l'on compte le Liechtenstein) ;
- la Pologne, avec 7 voisins ;
- la Hongrie, avec 7 voisins également ;
- la France, avec 6 voisins (8 si l'on compte Monaco et Andorre) ;
- l'Italie, avec 4 voisins (6 si l'on compte Saint-Marin et le Vatican) ;
- et la République tchèque, avec 4 voisins.

Page 12 • Plaquettes

« Je préfère être heureux plutôt qu'avoir raison. »

J	E	P	R	E	F	E	R	E	E
T	R	E	H	E	U	R	E	U	X
P	L	U	T	O	T	Q	U	'	A
V	O	I	R	R	A	I	S	O	N

Page 13 • Coupes de fruits

La dernière coupe vaut 24.

On peut remarquer que les fruits de la dernière coupe représentent exactement la moitié des deux premières coupes combinées, donc (25 + 23) ÷ 2 = 24.

On peut également calculer la valeur de chaque fruit.

La première + la troisième coupe - la seconde = 4 oranges.

Or 25 + 26 - 23 = 28. Donc 1 orange = 7.

Selon la troisième coupe, 2 poires = valeur de la coupe - 2 oranges. Donc 1 poire vaut (26 - 14) ÷ 2 = 6.

Selon la seconde coupe, 1 pomme = valeur de la coupe - 3 poires. Donc 1 pomme = 23 - 18 = 5.

Donc la dernière coupe vaut 2 poires (2 × 6 = 12) + 1 orange (7) + 1 pomme (5) = 24.

Page 14 • Mot en cubes

Les lettres qui apparaissent trois fois sont : A, H, C, T et E, ce qui donne « tache ».

Page 15 • Monsieur et madame

Les mâles et les femelles sont :
Baudet – Ânesse
Lièvre – Hase
Bouc – Chèvre
Sanglier – Laie
Jars – Oie
Bélier – Brebis

Page 16 • Autoréférent

Il existe quatre solutions :
C et cinq, E et onze, I et six et S et six.
En effet, il n'est pas demandé combien de fois la lettre en question apparaît, mais combien de fois elle apparaîtrait s'il y en avait une de plus.

Solutions

Page 17 • Karos

Il y a huit carreaux différents (sont identiques les 1 et 11, les 3 et 7 ainsi que les 5, 9 et 12).

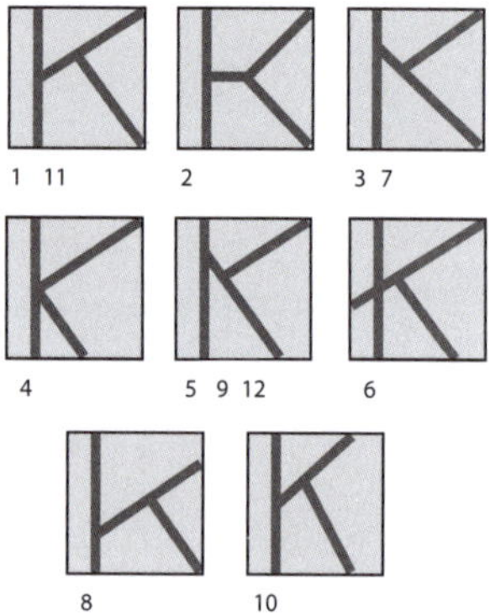

Page 18 • Addition croisée

		3	4		
	3	7	5	8	
3	1	■	1	9	8
1	2	3	■	3	1
9	8	7	6	1	2
	9	8	7	4	

Page 19 • L'apprentie

Les ficelles 2, 4 et 6 formeront des nœuds.

Page 20 • À double sens

Le mot vertical : « secrétaire » désigne à la fois une personne employée pour un travail de bureau et le meuble, la table à écrire.

	C	O	N	**S**	O	I	E
D	E	S	S	**E**	R	T	E
	C	A	S	**C**	A	D	E
			G	**R**	È	V	E
	C	A	N	**E**	T	T	E
	G	O	U	**T**	T	E	
		C	H	**A**	S	S	E
	R	É	G	**I**	M	E	
		F	A	**R**	C	E	
P	E	C	H	**E**	R		

Page 21 • Gulliver à Lilliput

Gulliver, le teint **livide**, se réveilla **ligoté** de la tête aux pieds par des **liens** qui le privaient de **sa liberté**. Les Lilliputiens, en **liesse**, célébraient tout autour de lui en buvant des **litres** d'un **liquide** peu **limpide** qui n'était certainement pas de la **limonade**, mais plutôt une **liqueur** forte. Une fois ces **libations** terminées, leur chef, un **lieutenant** en tenue **lilas**, s'empara d'un **livre** et se mit à **lire** à haute voix une longue **liste** des griefs à l'origine du **litige**.

Page 22 • D'un mot à l'autre

N	E	I	G	E
B	E	I	G	E
B	E	R	G	E
S	E	R	G	E
S	E	R	R	E
S	E	V	R	E
L	E	V	R	E
L	I	V	R	E
G	I	V	R	E

Page 23 • Référendum

Le « oui » l'emporte. L'ordre des affichettes 1, 2 et 3 peut être permuté, ainsi que celui des 4, 5 et 6 et des 18, 19 et 20. La 10e affichette demeure la même et elle est pour le « oui ».

Page 24 • Crayons

Avec les lots 2, 3 et 5, il y aura 599 + 583 + 537 = 1 719 crayons, donc seulement un de trop.

Page 25 • Stellar

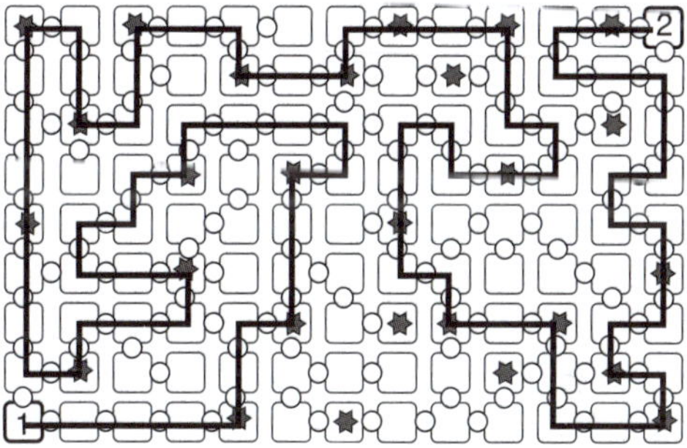

Page 26 • Animots

Le sixième animal est : « carpe ». Les autres animaux sont : « aigle », « renard », « chamois », « putois » et « écureuil ».

Page 27 • Randonnée

De gauche à droite :
Étienne – David – Brice – Albert – Charles.

Page 28 • L'art de la table

Il n'y a que trois carreaux identiques au A :
les carreaux 2, 4 et 5.

Page 29 • Incruste

La citation :
« On façonne les plantes par la culture
et les hommes par l'éducation. »

Les mots rajoutés :
en, agriculture, et, on, forme, nationale.

Page 30 • Balançoires

Si on combine les balançoires 1 et 2, en ajoutant ceux qui sont en bas d'une part et ceux qui sont en haut d'autre part, et qu'on retire ensuite ceux qui apparaissent à la fois en haut et en bas (opération qui ne change donc rien à l'équilibre), il ne reste que Sam en bas et Nick en haut. Donc Sam est plus lourd que Nick.

Bob et Sam étant jumeaux, ils pèsent le même poids. Nous retrouvons Bob et Nick sur la balançoire 3. Cette fois, Nick est en bas et Bob (qui pèse le même poids que Sam) est en haut. Cela signifie donc que Tom, qui pèse le même poids que Nick, est plus lourd qu'Éric. Dans la balançoire 2, nous voyons que Jules est plus lourd que Bob. Nous avons donc les poids décroissants suivants :

Jules > Bob = Sam > Nick = Tom > Éric

Page 31 • Alphabet

Les lettres inutilisées sont le E et le G.

G	A	**Z**	E	U	**X**	N	I	**V**	E	A	**U**
M	E	**H**	A	R	**I**	A	C	**Q**	U	I	**S**
S	L	**A**	L	O	**M**	T	A	**R**	M	A	**C**
A	B	**J**	E	C	**T**	S	A	**N**	D	O	**W**
C	A	**P**	T	I	**F**	M	I	**K**	A	D	**O**
F	U	**Y**	A	R	**D**	A	P	**L**	O	M	**B**

Page 32 • Boîte à balles

- Boîte A : 1 balle ;
- Boîte B : 4 balles ;
- Boîte C : 2 balles ;
- Boîte D : 6 balles ;
- Boîte E : 4 balles.

Dans un premier temps, on peut, sans trop de mal, classer les boîtes dans l'ordre croissant du nombre de balles contenues : A – C – B – E – D.

Ensuite, on peut exprimer le nombre de balles contenues dans chaque boîte en fonction de la boîte B :

- A = (B - 3)
- C = (B - 2)
- E = (B)
- D = (B + 2)

Il suffit alors de faire une équation :
(B - 3) + (B - 2) + B + B + (B + 2) = 17. On trouve ainsi que B = 4, ce qui nous permet de trouver le reste.

Page 33 • Musiciens

1. Violon : Didier Lockwood
2. Piano : Thelonious Monk
3. Batterie : Ringo Starr
4. Accordéon : Yvette Horner
5. Guitare : Jimi Hendrix
6. Violoncelle : Mstislav Rostropovitch
7. Trompette : Louis Armstrong
8. Saxophone : John Coltrane

Page 34 • Fer forgé

Il l'a extraite de la grille n° 5.

Page 35 • Vengeance

« Il n'y a point de plus haute vengeance que l'oubli. »
Baltasar Gracián

Solutions

Page 36 • Carrés d'étoiles

Les chiffres désignent l'emplacement des étoiles dans l'ordre (qui peut être modifié).

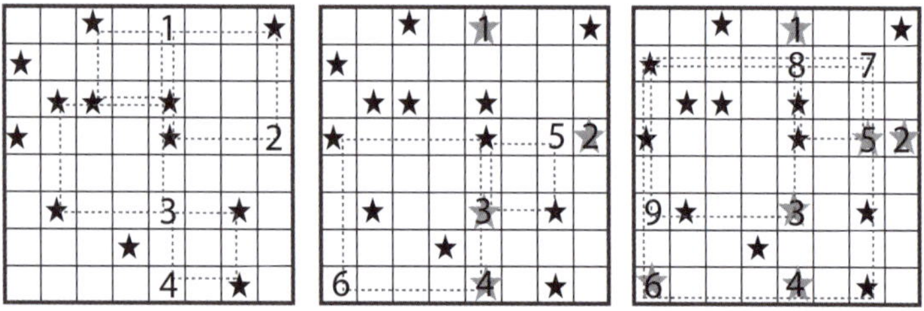

Si on admet les carrés en diagonale, cependant, il est possible de placer une étoile dans toutes les cases !

19	18	★	17	1	45	46	★
★	13	14	16	8	44	7	47
12	★	★	15	★	42	43	48
★	11	10	20	★	41	5	2
24	23	22	21	25	39	40	49
9	★	27	26	3	38	★	50
31	30	29	★	28	35	37	51
6	32	33	34	4	36	★	52

Page 37 • Thé ou café ?

MOULR	CAFE	CAMOUFLER
HUFAG	CAFE	CHAUFFAGE
ESLFR	CAFE	ESCLAFFER
ARROS	THE	ARTHROSE
AE	THE	ATHÉE
AC	THE	TACHE
LI	CAFE	CALIFE
EM	THE	THÈME
FEIC	THE	FÉTICHE
ISM	THE	ISTHME
RA	CAFE	CARAFE
SRII	CAFE	SCARIFIÉ

Page 38 • Ce qui se conçoit bien...

Les phrases 1 et 2 sont en faveur de la boxe, tandis que les phrases 3 et 4 sont contre.

1. L'auteur est contre l'interdiction, donc pour l'autorisation de la boxe.
2. Les pétitions veulent interdire la boxe, or l'auteur n'est pas pour ces pétitions.
3. Le groupe pro-boxe est pour la boxe. Ceux qui s'y opposent sont donc contre. L'auteur ne les désapprouve pas, donc on peut dire qu'il les approuve. Il est donc contre la boxe.
4. Les actions hostiles à la boxe sont contre cette dernière. Les directives veulent condamner ces actions : elles sont donc pour la boxe. Puisqu'il est faux de dire que l'auteur approuve ces directives, cela signifie qu'il les désapprouve. Il est donc contre la boxe.

Page 39 • Carré de jetons

Page 40 • Par le bon bout

« Grand ! »

Ces têtes d'œufs crient selon la position de leur crâne : « Petit ! » si la pointe de leur crâne est en haut et « Grand ! » si c'est le grand bout... sauf s'ils ne sourient pas : dans ce cas, ils disent le contraire de la forme de leur crâne.

Page 41 • Pistes

Il y aurait trois pistes distinctes.

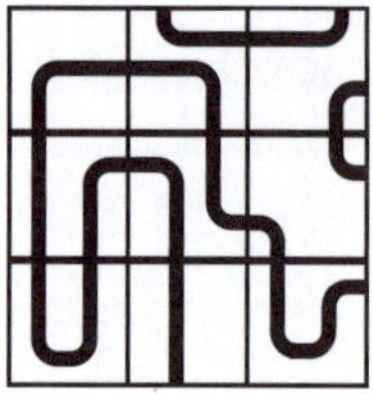

Page 42 • Étoile numérique

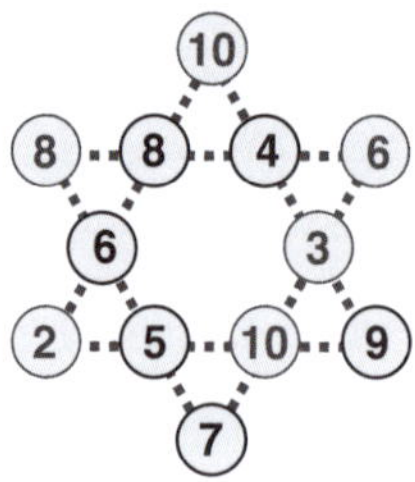

Le 7 se trouve par simple soustraction. Comme les nombres sont consécutifs, nous savons que le plus petit possible est le 2 (de 2 à 7) et que le plus grand possible est le 12 (de 7 à 12). Sur l'alignement horizontal du haut, les deux nombres à trouver devront avoir une somme de 12, donc soit 2 + 10, 3 + 9 ou 4 + 8 (5 + 7 étant impossible car le 7 apparaîtrait deux fois, idem pour 6 + 6). On procède donc par élimination en testant systématiquement les six possibilités qui en découlent pour chaque emplacement donné.

Page 43 • Bureaux

Mme Visionome a le bureau 3.

Anne, Bruno et Cécile ont les bureaux 5, 6 et 8 (qui ont 3 portes) et Mme Visionome, Emma et Fatima ont les bureaux 1, 7 et 3 (qui ont 2 portes).

Donc Geoff et Hal ont les bureaux 2 et 4, mais Geoff a plus de portes qu'Hal, donc il a le bureau 2.

Comme Emma n'a pas de porte commune avec Geoff, elle ne peut être dans les bureaux 1 et 3. Elle a donc le bureau 7.

Le bureau de Bruno communique avec ceux d'Emma et de Fatima. Il a donc le bureau 5 et Fatima a le 1.

Il reste alors le bureau 3 pour Mme Visionome et le 6 pour Anne.

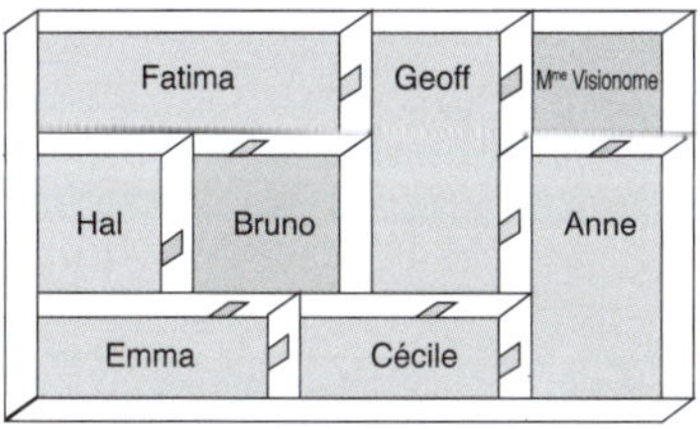

Page 44 • Petit pot de crème

Ce sont les pots placés à chaque extrémité qui ont tourné. Le deuxième pot ne peut être l'un des deux, car il ne permet pas de trouver un second pot (les autres sont soit bleus également, soit aussi avec une cuillère, soit à côté). Donc le pot à la cuillère est celui tout à fait à droite et l'autre (bleu, sans cuillère et pas à côté) ne peut être que celui tout à fait à gauche.

Page 45 • Blason

Dominique a fait le blason n° 4, Claude le n° 1, Laure le n° 2, Camille le n° 5 et Alix le n° 3.

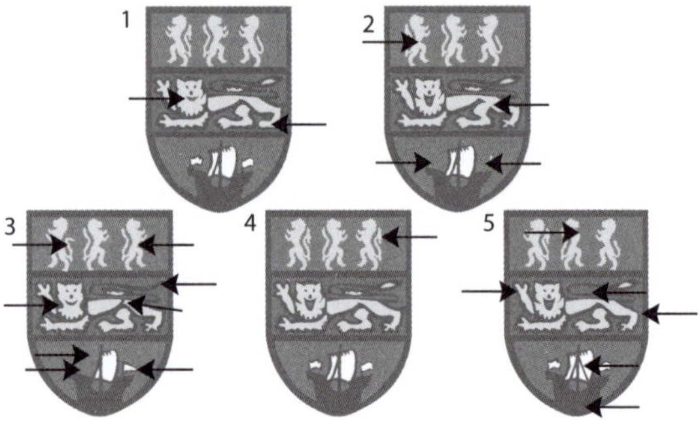

Page 46 • Animaux préférés

Les autres noms d'animaux sont « jaguar » et « chien ».

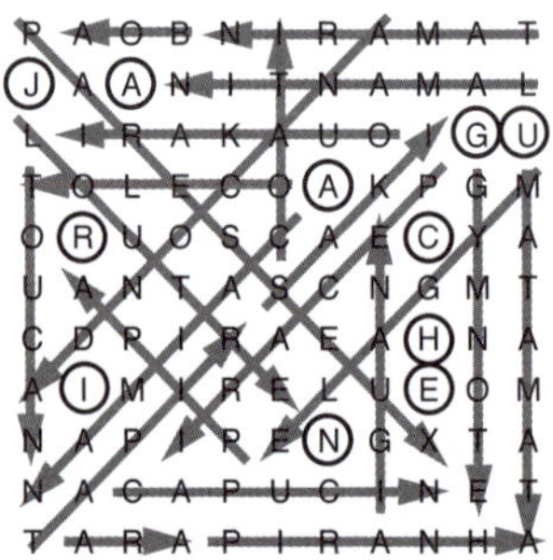

Page 47 • Le mot juste

Les phrases complètes sont :
« L'orateur prolixe (6) fait un discours trop long. »
« Une espèce vivace est très prolifique (1). »
« L'occasion était propice (5) aux financiers. »
« L'auteur était interdit et sa prose proscrite (4). »
« La taxe double les prix, elle est prohibitive (2). »
Le mot en trop est donc « prodigue » (3), « qui fait des dépenses excessives ».

Page 48 • Brocante

On procède par substitutions successives :

- ½ lot à 32 = cafetière + mug = 16
- lot à 33 - 16 = verre + pot = 17
- lot à 39 - 17 = cafetière + pot = 22
- lot à 40 - 22 = 2 cafetières = 18

D'où :

- 1 cafetière = 9
- 1 pot à pâtes = 22 - 9 = 13
- ...

= 13

= 7

= 9

= 8

= 4

Solutions

Page 49 • Le chemin des fourmis

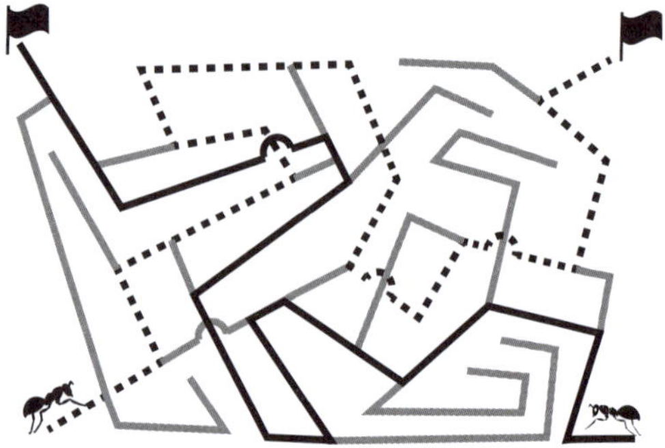

Page 50 • Mini-grille

	R		I	
S	O	I	R	S
	T		O	
R	I	O	N	S
	N		S	

Page 51 • Rendez-vous

Le rendez-vous sera lundi, dans deux jours.
Vincent, Hervé et Laure ont dit avant-avant-hier, avant-hier et hier qu'ils ne pouvaient venir dans une semaine. Il y a donc trois jours consécutifs qui sont impossibles. Pour qu'il n'y ait qu'un jour possible dans la semaine, cela signifie que leurs autres jours indisponibles ne tombent pas ces jours-là (ce qui fait en tout six jours impossibles).
Nous avons donc mardi, samedi et dimanche comme jours impossibles, ainsi que trois jours consécutifs, qui ne peuvent être que mercredi, jeudi et vendredi. Le seul jour libre sera donc lundi.
Laure est la dernière à s'exprimer, donc elle ne peut venir le dernier des trois jours consécutifs, c'est-à-dire le vendredi.
Puisqu'elle s'est exprimée « hier », cela signifie que nous sommes samedi. Lundi est donc dans deux jours.

Page 52 • Inversions

« **Personne** ne peut répondre à sa **place**. »
« Ils **notent** les procédures qui **correspondent** à nos choix. »
« Ces **vérifications** confirment la chute des **actions** de notre groupe. »
« Nous **cochons** les paragraphes qui correspondent aux **sommes** en question. »

Page 53 • Nombres dessins

Considérons la 3e addition : comme la somme de 2 formes roses donne un nombre à 2 chiffres, on en déduit que :

- la forme rose est égale ou supérieure à 5 ;
- la forme verte est un nombre pair ;
- la forme violette est un 1 (la forme rose ne peut être supérieure à 9 et 9 + 9 = 18).

Dans la 2e addition, la forme bleue + 1 = un nombre pair. La forme bleue ne peut donc être que 3, 5 ou 7, et la forme verte que 4, 6 ou 8.

Revenons à la 3e addition : le résultat est 14, 16 ou 18. Donc la forme rose correspond à 7, 8 ou 9. Par la 1re addition, nous savons que la forme marron = la forme bleue - 1, donc 2, 4 ou 6. Nous devons donc trouver, avec la 4e addition, une valeur pour la forme bleue qui, additionnée à 7, 8 ou 9, donne un nombre dont l'unité est inférieure de 1 au chiffre bleu. Donc : 3, 5 ou 7 + 7, 8 ou 9 = 12, 14 ou 16. Il y a quatre possibilités :

- 3 + 9 = 12 | • 5 + 7 = 12 | • 5 + 9 = 14 | • 7 + 9 = 16

En les testant toutes les quatre, on constate que seule la dernière fonctionne.

Page 54 • Cubisme

L’assemblage n° 5 comprend 20 cubes, soit au moins un de plus que les autres :

1) 18	4) 17	7) 19
2) 17	5) 20	8) 17
3) 19	6) 17	

Page 55 • Numéro de maison

Ce sont les plaques 1 et 4 qu’il doit utiliser deux fois.

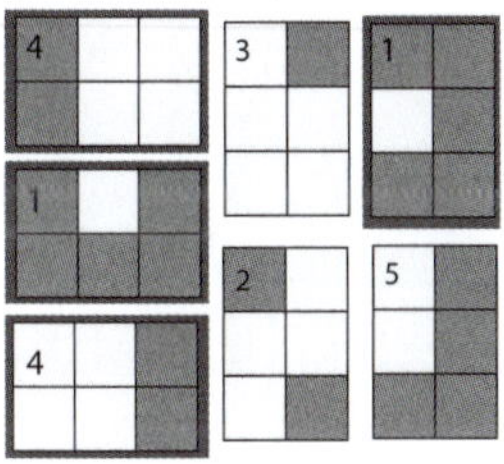

Page 56 • Scarabées sacrés

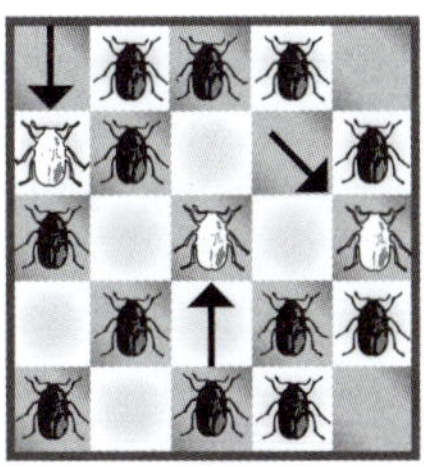

Page 57 • Texte déchiré

« Plus un régime est restrictif, plus il alimente la conversation. »

Page 58 • Triangles

Il y a en tout 15 triangles : 1, 3, 4, 5, 9, 10, 11, 1-5, 1-5-8, 5-6, 5-6-7, 9-6, 9-6-2, 9-10, 8-9-10.

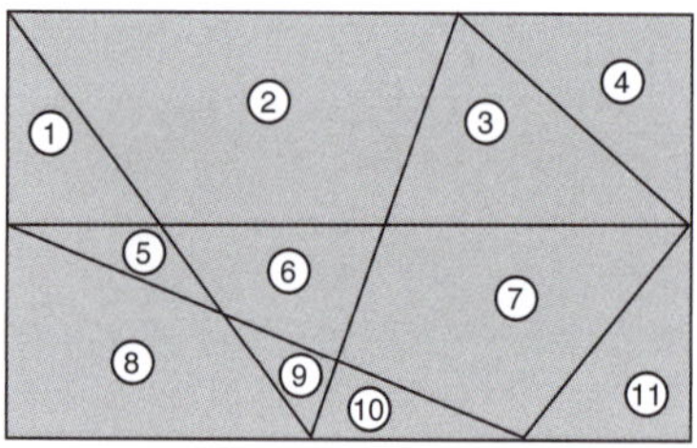

Page 59 • Timbres

Calculons la valeur des lots : le lot A vaut 72, le B 26, le C 34 et le D 39. Dans le lot dont la valeur est la plus basse (B), le timbre avec la valeur la plus élevée est le 12. Dans le lot dont la valeur est la plus élevée (A), le timbre avec la valeur la plus basse est le 22. Si l'on permute ces deux timbres, la valeur des lots devient : A = 62, B = 36, C = 34, D = 39.

C devient donc le lot avec la valeur la plus basse.

Page 60 • Paires contraires

Les mots formés sont « mariages mixtes ».

Page 61 • Livraison

Il y a 3 briques de trop.

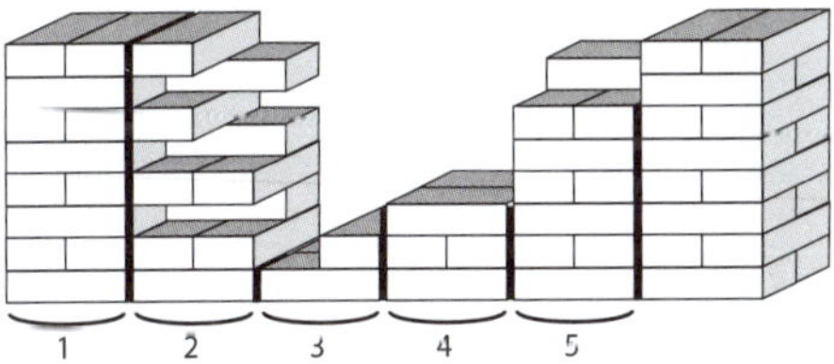

Certains trouvent avec les yeux, d'autres avec la tête, comme ceci, en divisant le mur en sections verticales :
En 1, la section témoin, il y a deux briques par niveau, donc 16 briques au total.
En 2, il y a 11 briques, donc 5 briques manquent.
En 3, il n'y a que 3 briques, donc 13 qui manquent.
En 4, il y a 6 briques, donc 10 qui manquent.
En 5, il y a 13 briques, donc 3 qui manquent.
Ainsi, au total, 31 briques sont nécessaires pour combler la brèche.
Le nombre de briques dans le tas de livraison se compte aisément par colonnes. À l'arrière :
8 + 7 = 15 ; au milieu : 5 + 5 = 10 ; à l'avant : 6 + 3 = 9.
Soit au total 34 briques, donc 3 briques de trop.

Page 62 • Boulier magique

On peut lire de gauche à droite : « devin », « médium », « élixir », « mage », « génie », « sort », « signe ».

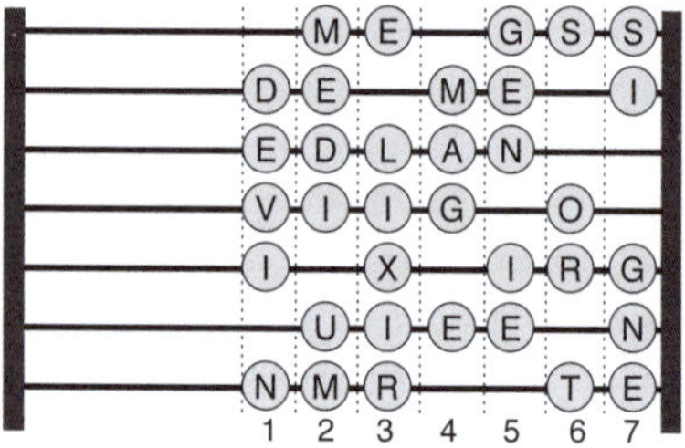

Page 63 • Le potier

Il reste le B jaune, le C rouge, le C bleu, le E mauve et le F vert. On remarquera qu'il n'y a que 5 couleurs différentes, donc chaque colonne et chaque rangée contiendra un pot de chaque couleur. On peut ainsi commencer par trouver quelle couleur se trouve dans chaque case. Une fois les couleurs établies, le choix des formes est limité.

ROUGE D	VERT A	JAUNE G	MAUVE B	BLEU C
JAUNE F	BLEU G	MAUVE A	ROUGE C	VERT B
VERT C	ROUGE B	BLEU E	JAUNE A	MAUVE F
BLEU B	MAUVE C	ROUGE F	VERT G	JAUNE E
MAUVE G	JAUNE E	VERT D	BLEU F	ROUGE A

Page 64 • Transparence

Il s'agit des plaquettes 2, 4 et 6.

Page 65 • Paires

Mme Numérix a le jeton 41.
Les autres forment des paires au total identique :
28 + 56 = 32 + 52 = 37 + 47 = 38 + 46 = 84.

Page 66 • Déchiffrer le dicton

Il s'agit de la phrase 2. L'interprétation qui dégage le sens général est privilégiée plutôt que les interprétations trop spécifiques.

Page 67 • Colonne

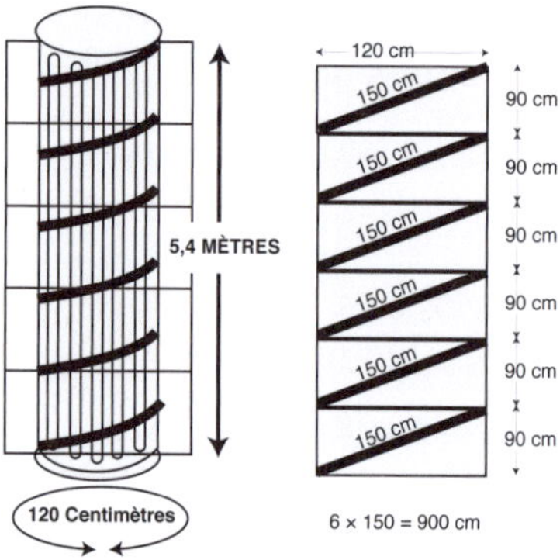

Si l'on mettait la colonne à plat, nous aurions six rectangles dont la largeur correspondrait à la hauteur totale du fût de la colonne, divisée par le nombre de tours complets – soit 5,4 mètres ÷ 6 = 90 cm – et dont la longueur serait égale à la circonférence de la colonne, soit 120 cm. La longueur du ruban dans chacun de ces rectangles correspond donc, selon Pythagore, à la racine carrée de 1 202 + 902, soit 150 cm. La longueur totale du ruban = 150 × 6 = 900 cm, soit 9 mètres.

Page 68 • Découpe

D	R	O	L	E	M	E	N	T
R	I	G	O	L	A	D	E	S
S	P	I	R	I	T	U	E	L
H	I	L	A	R	A	N	T	E

Solutions

Page 69 • Bijoux

Sabine possède la broche, rangée dans une pochette.
M. Pigevite possède la bague, rangée dans un coffret.
Zoé possède le bracelet, rangé dans un écrin.
On sait que la broche appartient à Sabine et que le coffret revient à M. Pigevite. Donc le bracelet n'appartient pas à Sabine, ni, puisqu'il est gardé dans un écrin, à M. Pigevite, qui garde son bijou dans un coffret. Le bracelet revient donc à Zoé, ainsi que l'écrin. Ce qui laisse la bague à M. Pigevite et la pochette à Sabine.

Page 70 • Plans

Les vues correspondant à chaque schéma sont les suivantes :

1. Vue de droite
2. Vue de face
3. Vue de dessus
4. Vue de gauche
5. Vue de dessous
6. Vue arrière

Page 71 • Code couleur

« Un bon rêveur ne se réveille pas. »
Fernando Pessoa

U	N	■	B	O	N	■	R
E	V	E	U	R		N	E
■	S	E	■	R	E	V	E
I	L	L	E	■	P	A	S

L	E	N	U	V	■	R

Page 72 • Nœuds

Les cordes 2, 4 et 6 formeront des noeuds.

Page 73 • Sets de table

C'est le set 2 qui est identique au A.

Solutions

Page 74 • Le jeu des homonymes

Lili est la gagnante avec « livre » et « livre ».

Les autres paires sont :

- Lize : « pi » et « pie » ;
- Laure : « comte » et « conte » ;
- Line : « chêne » et « chaîne » ;
- Léa : « scie » et « si » ;
- Lou : « col » et « colle ».

Page 75 • Crypto

« La seule façon d'être suivi, c'est de courir plus vite que les autres. »

Francis Picabia

Page 76 • Réseaux

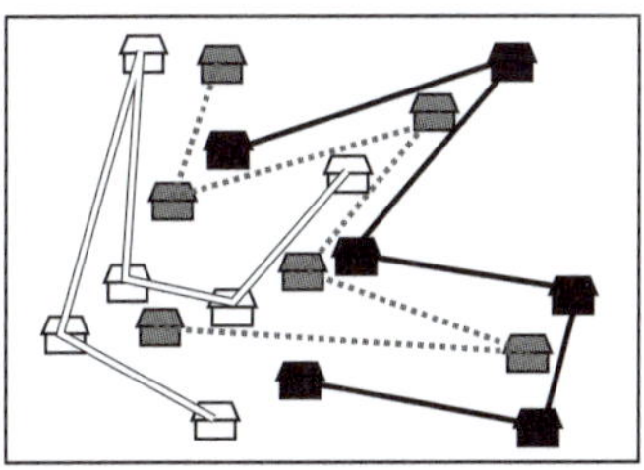

Page 77 • Hollywood

Mme Cétouvu n'a pas trouvé l'étoile de Nicole Kidman.

Page 78 • Conducteurs

François a la voiture verte, Clément la jaune, Luc la bleue, et Étienne la rouge.

François a soit la voiture rouge, soit une autre. Admettons qu'il ait la voiture rouge, alors Clément a la verte. Dans ce cas, Luc ne peut avoir la bleue, sinon Clément aurait la jaune, or nous venons de voir qu'il a la verte. Ce qui laisse la voiture jaune pour Luc et la bleue pour Étienne. Mais si Étienne a la voiture bleue, alors Luc devrait avoir la rouge. C'est donc impossible ! Donc François n'a pas la voiture rouge et Luc a la voiture bleue, ce qui signifie que Clément a la voiture jaune. Comme François n'a pas la rouge, il lui reste la verte, et la rouge revient à Étienne.

Page 79 • Régate

Le premier était le bateau 5, le second était le 9, et le troisième était le 17.

Le second nombre n'est pas un nombre premier, or il n'y en a que deux : 9 et 15.

On sait que le total des trois = 31. Or, avec 15 arrivé en deuxième, la seule possibilité était que 5 et 11 soient premier et troisième. Mais, avec ces valeurs, la somme des deux premiers ne peut pas être inférieure au troisième.

Avec 9, 5 et 17 seraient dans le classement ; et, si 5 vient en premier, alors la somme des deux premiers (14) est inférieure au troisième (17).

Page 80 • Le jeu de l'intrus

Luc propose un mot d'architecture religieuse (le narthex étant la partie d'une église située avant la nef) alors que tous les autres mots proposés représentent des fonctions dans la hiérarchie ecclésiastique.

Solutions

Page 81 • La traversée du fleuve

Appelons les couples H1 et F1, H2 et F2, H3 et F3.

rive de départ	rive d'arrivée
H1 et F1 traversent,	
puis H1 revient.	F1
H1, H2, H3, F2, F3	
F2 et F3 traversent,	
puis F1 revient.	
H1, H2, H3, F1	F2, F3
H2 et H3 traversent,	
puis H2 et F2 reviennent.	
H1, H2, F1, F2	H3, F3
H1 et H2 traversent,	
puis F3 revient.	
F1, F2, F3,	H1, H2, H3
F1 et F2 traversent,	
puis H3 revient.	
F3, H3	H1, H2, F1, F2
H3 et F3 traversent.	H1, H2, H3, F1, F2, F3

Page 82 • Fourmis

Il y a 30 fourmis.

Page 83 • Cinéphile

- Anémone : *Le père Noël est une ordure*
- Bruce Willis : *Piège de cristal*
- Cary Grant : *La Mort aux trousses*
- Kirk Douglas : Vincent van Gogh et Spartacus
- Daniel Craig : James Bond
- Eddie Murphy : *Le Flic de Beverly Hills*
- Gary Cooper : *Le train sifflera trois fois* et *Vera Cruz*
- Louis Jouvet : *Drôle de drame*
- Marion Cotillard : Oscar
- Uma Thurman : *Pulp Fiction*

Page 84 • Le dernier total

Le dernier total est 24.

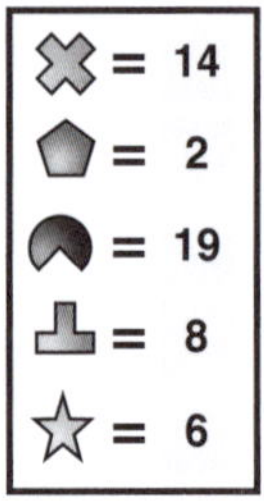

Page 85 • Mini-échiquier

Vu de dessus : la grosse flèche indique la position d'où est présenté le dessin ; la flèche fine montre le déplacement que va effectuer le pion. Après 1, la vue 3 est possible, mais il est alors impossible de former une séquence qui comprend toutes les vues.

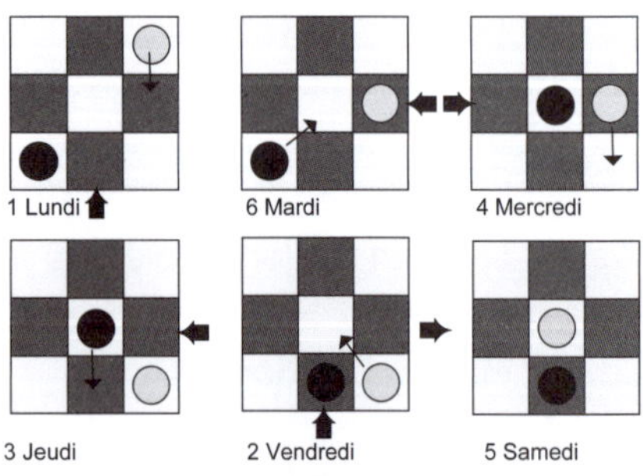

Page 86 • Carton percé

« Si tu ne sais pas où tu vas, tous les chemins sont bons. »

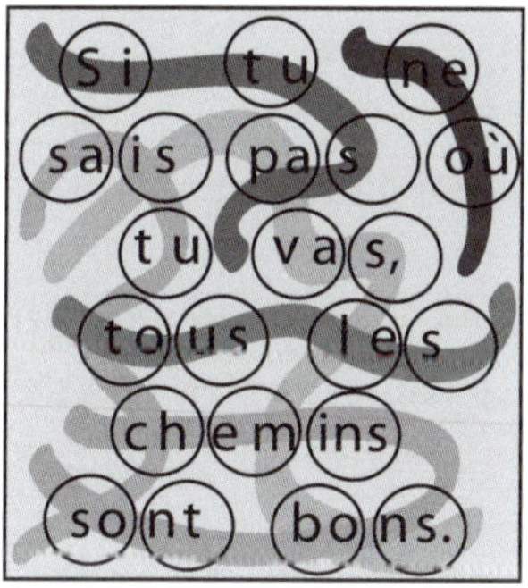

Page 87 • Mot à trouver

Le mot à trouver est « sourcil ».

Page 88 • Bifaces

Le mot au verso de « dingo » sera « tubes ».

Il y a cinq fiches et dix lettres différentes (B-D-E-G-I-N-O-S-T-U), donc aucune lettre n'est répétée. Ceci signifie qu'il ne peut y avoir au verso d'une fiche une lettre apparaissant dans le même mot que son recto.

Par exemple, le verso du B ne peut être O, U, D, ou E. Donc, on sait que les lettres au dos de D-I-N-G-O sont les cinq autres lettres des dix possibles, soit B-E-S-T-U.

On cherche alors les anagrammes de ces lettres et on trouve « buste », « butes » ou « tubes ». Il faut alors chercher plus précisément quelles lettres se trouvent dos à dos. On voit qu'au dos du E il ne peut y avoir que le G (et inversement), ce qui élimine « buste ». On voit aussi que I et N doivent avoir B et U au verso (sans pouvoir attribuer précisément les uns aux autres).

Ces informations sont cependant suffisantes pour éliminer « butes ». Il ne reste que « tubes ».

Page 89 • Ô châteaux

Les correspondances sont les suivantes :

- Chambord : François Ier (il l'a fait construire) ;
- château de Blois : le duc de Guise (il s'y est fait assassiner) ;
- château de Valençay : Talleyrand (il y a habité) ;
- Chenonceau : Diane de Poitiers (elle l'a aménagé) ;
- château de Malmaison : Napoléon Ier (il y a habité avec Joséphine) ;
- palais du Luxembourg : Catherine de Médicis (elle l'a fait construire) ;
- Palais-Royal : Richelieu (il l'a fait construire) ;
- château de Pierrefonds : Napoléon III (il l'a fait restaurer avec Viollet-le-Duc) ;
- Vaux-le-Vicomte : Nicolas Fouquet (il l'a fait construire).

Catherine de Médicis a également aménagé Chenonceau, mais, si on l'y associait, il n'y aurait plus de réponse pour le palais du Luxembourg.

Page 90 • Titre embrouillé

*Le Cinquième Élém*ent, film de Luc Besson avec Bruce Willis.

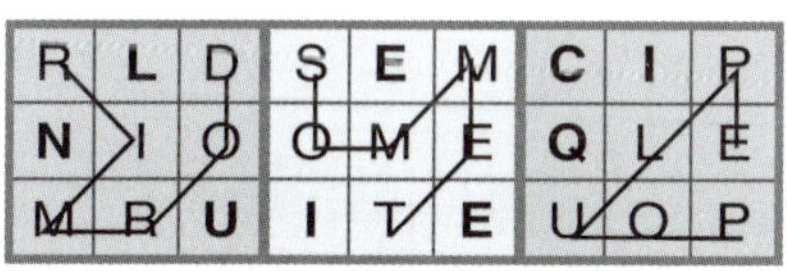

Dormir Sommet Poulpe

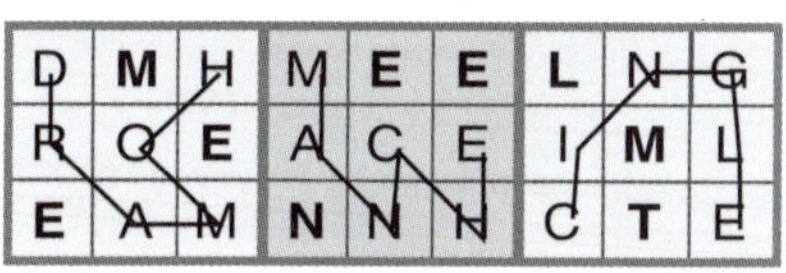

Homard Manche Cinglé

Page 91 • Bateaux et équipage

Le bateau vert a 2 personnes à son bord, le rouge en a 4 et le bleu en a 8.

Pour commencer, il n'est pas inutile de simplifier l'énoncé et de remplacer la description des bateaux par leur couleur :

- ROUGE a deux personnes à bord de plus que VERT ;
- BLEU a deux fois plus de personnes à bord que ROUGE ;
- VERT a six personnes de moins à bord que BLEU.

Ce qui donne R = V + 2, B = 2R, V = B - 6.

Ainsi B = 2R = 2(V + 2) donc B = 2(B - 6 + 2).

Ce qui donne B = 8, V = 2 et R = 4.

Page 92 • Anacyclique

Le mot ainsi trouvé est « rétive » ou « éviter ».

T	R	A	C	E	
S	E	R	U	M	
E	T	A	L	E	R
N	I	V	E	L	A
A	V	A	L	E	R
R	E	C	U	S	

Solutions

Page 93 • Être constant

« Acheter une ou deux personnes, c'est de la corruption.
En acheter beaucoup, c'est de la publicité. »
Benjamin Constant

Page 94 • Chasse au trésor

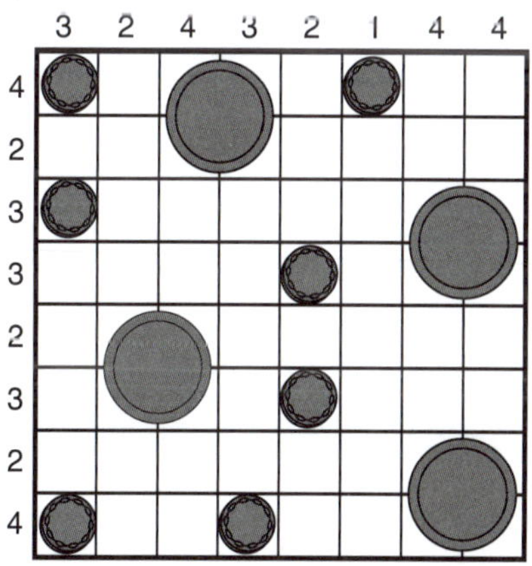

Page 95 • Le palais des hexagones

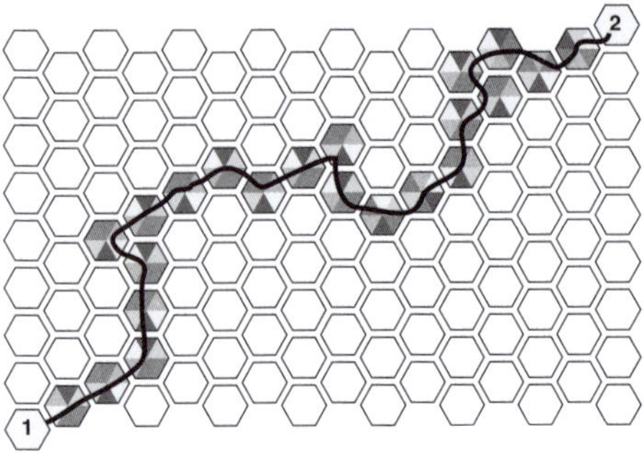

Page 96 • Superpositions

Les pièces 1, 2, 3, 5 et 7 peuvent se superposer à A.

Voici l'emplacement des cases numérotées dans la grille :

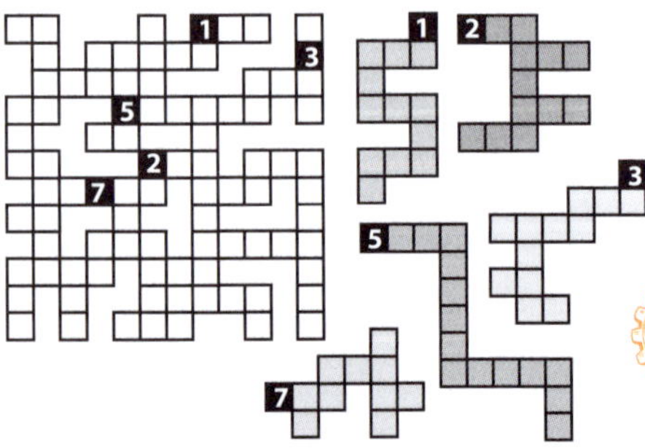

Page 97 • Galerie

La Montagne Sainte-Victoire : Cézanne
Le Jardin des délices : Bosch
Diptyque Marilyn : Warhol
La Laitière : Vermeer
Le Baiser : Klimt
La Tempête : Giorgione
Les Demoiselles d'Avignon : Picasso
La Vierge aux rochers : Léonard de Vinci
Le Joueur de fifre : Manet
La Grande Odalisque : Ingres

Page 98 • Marché

A étant une tomate, B un poireau et C une carotte, il n'y a que 5 combinaisons de valeurs possibles pour A + B + B + C + C + C = 11 :

1 + 2 + 2 + 2 + 2 + 2 = 11
2 + 3 + 3 + 1 + 1 + 1 = 11
3 + 1 + 1 + 2 + 2 + 2 = 11
4 + 2 + 2 + 1 + 1 + 1 = 11
6 + 1 + 1 + 1 + 1 + 1 = 11

Dans les deux premières, B + C = 4,
tandis que dans les deux suivantes B + C = 3.
Il reste donc la dernière. **Ainsi, une tomate = 6, un poireau = 1 et une carotte = 1.**

Page 99 • La pirogue

Avec 5 personnes, il y a 120 combinaisons différentes. Or ils font un voyage par semaine. Comme il y a 52 semaines par an, cela fait 2 ans et 16 semaines (ou environ 4 mois).
La formule pour calculer le nombre de combinaisons possibles est : 5 personnes soit 1 x 2 x 3 x 4 x 5 = 120.

Page 100 • Élixir

Le verre 5 contient les quatre ingrédients.
On retrouve un et un seul de ces ingrédients dans chacun des autres verres. Pour le trouver, on procède systématiquement, en comparant les verres et en éliminant ceux qui ont plus d'un élément en commun.

Solutions

Page 101 • Capitales

Antananarivo	Madagascar
Bakou	Azerbaïdjan
Dodoma	Tanzanie
Managua	Nicaragua
Manille	Philippines
Minsk	Biélorussie
Nouakchott	Mauritanie
Ouagadougou	Burkina Faso
Riyad	Arabie saoudite
Vaduz	Liechtenstein
Wellington	Nouvelle-Zélande
Yamoussoukro	Côte d'Ivoire

Page 102 • Cita-puzzle

« Un accusé est cuit quand son avocat n'est pas cru. »

Pierre Dac

Il faut procéder comme avec un puzzle habituel : en assemblant d'abord les coins, puis les bords, tout en se servant du texte.

Un	ac	cu	sé
est	cu	it	qu
an	d	son	av
oc	at	n'e	st
p	as	c	ru

Page 103 • La part du lion

L'ouvrier reçoit 0,024 ludic.

- Frais de douane : 50 %
- Prélèvement du pays exportateur : 6,3 %
- Intermédiaire : 1/8, soit 12,5 %
- Importateur : 17 %
- Détaillant : 1,68 sur 12, soit 14 %

TOTAL : 99,8 %

Il reste donc 0,2 % qui revient à l'ouvrier, soit 0,2 % × 12 = 0,024 ludic.

Page 104 • Clichés

Il y a en tout six œuvres différentes : les 2, 3, 6, 7 sont uniques, tandis que 1 et 5, et 4 et 8 sont identiques.

- 1 ≠ 2, 3, 4, 8 (rond vert sur le cube du milieu), 1 ≠ 6, 7 (triangle et face grise côte à côte).
- 2 ≠ 3, 4, 6, 7, 8 (triangle rouge à côté du carré orange). Donc le 2 est unique.
- 3 ≠ 4, 6, 7, 8 (face bleu foncé sur le cube du milieu), donc le 3 est unique.
- 4 ≠ 6, 7 (carré orange et face bleu foncé côte à côte).
- 6 ≠ 7, 8 (face grise sur le cube du milieu).

Solutions

Page 105 • Intru-rébus

Il y a deux intrus : « scélérat » et « imagination ».

Tous les autres mots sont des animaux :

- Baleine (bas-laine)
- Rhinocéros (riz-n'eau-C-r'os)
- Colin (col-un)
- Cachalot (K-chat-l'eau)
- Hirondelle (I-rond-d'aile)
- Scélérat (C-lait-rat)
- Vautour (veau-tour)
- Caniche (K-niche)
- Okapi (eau-K-pie)
- Imagination (I-mages-I-nation)
- Girafe (J-rat-feu)
- Poney (pot-nez)

Page 106 • Casting

1 : Simon, 2 : Louis, 3 : Tom, 4 : Alex, 5 : Mathieu, 6 : Daniel.

Pour commencer, il faut bien noter qu'« à la droite » d'une personne ne signifie pas nécessairement à la droite dans l'image. Nous savons que Louis est à la gauche de Tom et à la gauche de Simon : il se trouve donc entre une personne de face à gauche (de la page) et une personne de dos (de l'autre côté). Deux choix sont possibles : 2 ou 3. Si Louis est n° 3, il ne reste que deux personnes côte à côte (5 et 6) pour Alex et Mathieu, mais, tels qu'ils sont placés, aucun des deux ne peut être à la droite de l'autre. Ainsi, Louis ne peut être n° 3, donc il est n° 2 (avec Tom et Simon de chaque côté).

Alex et Mathieu sont n°s 4 et 5 (ou inversement), reste le n° 6 pour Daniel. Comme il regarde dans la même direction que Tom, celui-ci doit être de dos, il est donc n° 3 (et Simon est n° 1).

Et, comme il regarde dans l'autre sens que Mathieu, celui-ci est de face, il est donc n° 5 (et Alex est n° 4).

Page 107 • Presse-papier

Sur la face inférieure du troisième presse-papier se trouve la bande bleue. Voici le cube déplié :

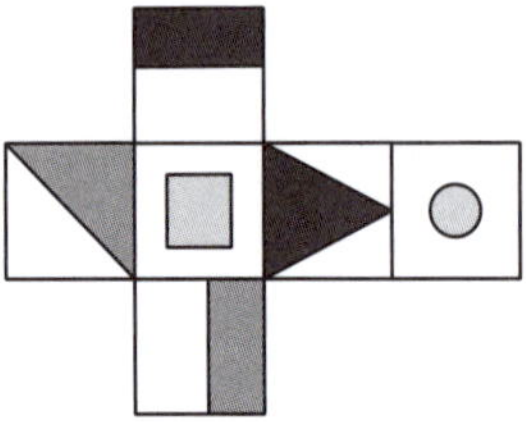

Page 108 • La roue de Ronald

« Sans contraintes, on tourne en rond. »
M (Matthieu Chedid)

Il faut commencer au « S » qui se trouve à moins vingt, puis lire toutes les trois lettres dans le sens contraire des aiguilles d'une montre.

Page 109 • Nombres croisés

	F	G	H	I	J
A	4	1	9	1	4
B	9	0	0	■	7
	■ K C	1	9	7	■ L
D	3	■	5	7	6
E	6	8	9	7	4

On commence par trouver G, premier nombre premier en 3 nombres : 101. Comme A est palindromique, AI = 1. Pour J, les deux chiffres dont le produit est 28 sont 4 et 7. J = 47 ou 74. Comme A est palindromique, AF = AJ. Or F est un carré. Les carrés en deux chiffres sont 16, 25, 36, 49, 64 et 81. Donc F ne peut être que 49 et, dès lors, J = 47. Nous savons que les deux premiers chiffres de B sont 9 et 0. Pour que B soit divisible par 5 et 6, le troisième chiffre doit être 0. La somme des trois chiffres de C = 17 donc, comme CG = 1, CH + CI = 16. Comme les chiffres sont différents, ce sont 7 et 9 ou 9 et 7. Comme I est un multiple de 111, les 3 chiffres sont identiques, mais 999 > B (900), donc I = 777 et C = 197. L est un cube, donc 27 ou 64. Comme le chiffre le plus bas de D est un 5, il doit être le premier (DH), et, pour que DJ soit plus grand que 5, le cube en L ne peut être que 64. Dès lors, H = ?095?. Comme H comprend trois mêmes chiffres (outre 0 et 5), AH et EH doivent être 9, donc H = 90959. La somme de E = 34 et, comme les 3 derniers chiffres sont 974, les deux premiers sont 68 ou 86. En K, il faut un nombre divisible par 4 et 9, donc 36 ou 72. Comme EF = 6 ou 8, seul 36 est possible et EG = 8.

Page 110 • Parcours

56	55	54	53	52	51	50	49	48	
								47	
	23	24	25	26	27	28		46	
	22					29		45	44
	21	20	19	18		30			43
				17		31	32		42
4	5	6		16			33		41
3		7		15	14		34		40
2		8			13		35		39
1		9	10	11	12		36	37	38

Page 111 • Volatiliser

Le mot à trouver est « évaporer »

(quasi-synonyme de « volatiliser », donné en titre).

	B	A	C	
R	E	V	A	S
T	R	A	P	U
H	E	R	O	S
	T	E	T	

Page 112 • Post-it codé

Il faut prendre la première lettre du premier mot, la seconde du second et la troisième du troisième. Puis on recommence avec la première du suivant, etc.

Ceci donne : « Rendez-vous à la gare de l'Est. »

Page 113 • Peinture

Une quatrième couleur est nécessaire pour les volumes 3, 5 et 6.

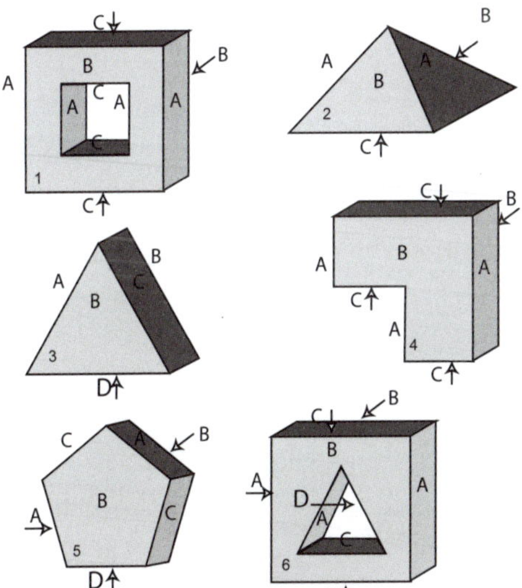

Page 114 • Carte cachée

Il faut les remplacer par l'as de carreau et le 9 de trèfle.
À partir de l'as, les cartes de 1 à 10 sont disposées dans le sens des aiguilles d'une montre, dans l'ordre, sautant une carte à chaque fois (1 – (2) – 3 – (4) – 5, etc.). Les cartes sont alternativement trèfle et carreau.

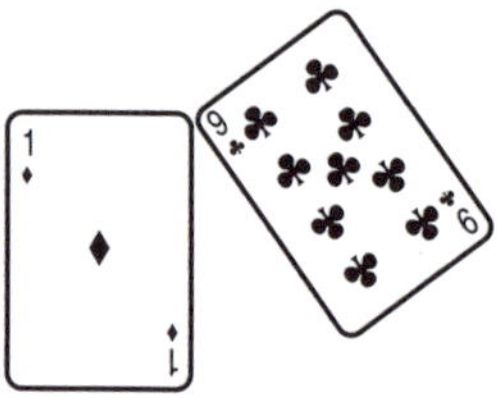

Page 115 • Pièce de puzzle

La pièce en trop est la n° 3. La pièce qui manque est celle en bas du puzzle, au centre droit.

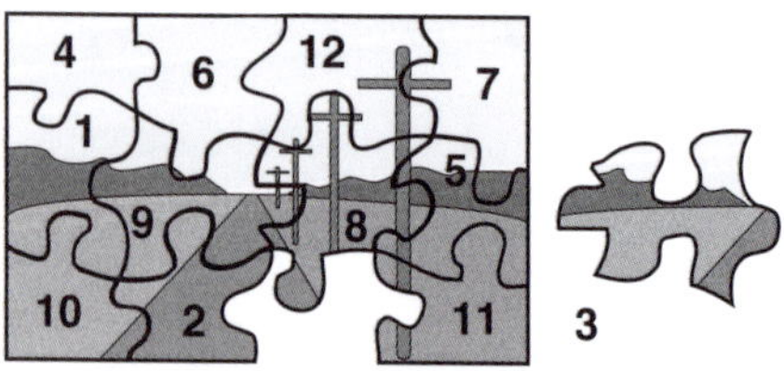

Page 116 • Déchiffrer le dicton

La phrase la plus proche de la maxime est la n° 1 :
quand le vin est tiré du fût, il est trop tard pour l'y remettre.
Il faut donc continuer l'action engagée :
boire le vin.

Page 117 • Carré de jetons

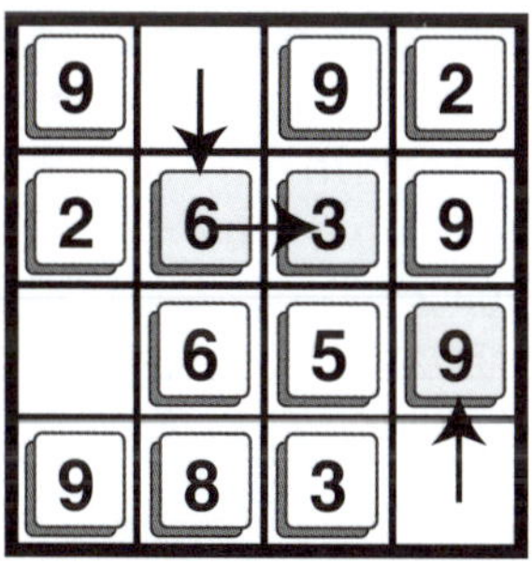

Page 118 • Pyramide

E	T							
C	E	T						
A	C	T	E					
E	C	L	A	T				
C	L	A	P	E	T			
P	A	C	T	O	L	E		
P	E	C	T	O	R	A	L	
C	L	E	O	P	A	T	R	E

Page 119 • Analogie

« Chêne est à bois ce que sanglier est à gibier. »
« Poutre est à bois ce que sanglier est à gibier. »
Désignent une catégorie et l'ensemble qui comprend cette catégorie parmi d'autres.
« Cerf est à bois ce que sanglier est à défense. »
Désigne l'animal et une partie de cet animal.
De façon moins rigoureuse, nous avons :
« Bosquet est à bois ce que sanglier est à cochon », qui comprend des paires de mots avec un sens très proche. Un bosquet est un petit bois et un sanglier est un cochon sauvage. La même phrase avec « marcassin » ne fonctionne pas, car, si le bosquet est un petit bois, le sanglier est un grand marcassin.

Page 120 • Sets de table

Les sets 1 et 5 suivent le modèle.

Page 121 • Il y a 100 ans

Il y a 100 ans : l'entrée en application du traité de Versailles en 1920.

Il y a 300 ans : la banqueroute de Law en 1720.

Il y a 400 ans : les premiers colons anglais arrivent en Amérique à bord du Mayflower en 1620.

Il y a 500 ans : le camp du Drap d'Or, la rencontre entre François Ier et Henri VIII d'Angleterre en 1520.

Il y a 600 ans : le traité de Troyes, qui confirme la suprématie des Anglais après la bataille d'Azincourt en 1420.

Il y a 900 ans : le naufrage de la Blanche-Nef où périt la descendance de Guillaume le Conquérant en 1120.

Page 122 • Lingots

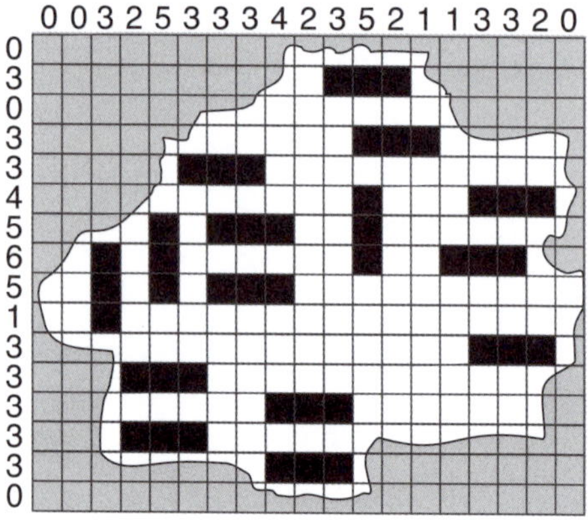

Page 123 • Pays et habitants

Les paires sont :
Magyar-Hongrie
Wallon-Belgique
Helvète-Suisse
Batave-Pays-Bas
Hellène-Grèce
Chérifien-Maroc

Page 124 • La valeur des jetons

Trois jetons sont au-dessus d'autres (C, F, H) et ils correspondent au 1 et au 9 (affirmations), et à une autre valeur.

Le 5 est sous une valeur de 6, donc il ne peut être sous le 9. S'il est sous le 1, il doit aussi être sous un autre jeton qui, ajouté à 1, fait 6, soit 5. Mais 5 ne peut être sous 5. Donc 5 est sous un seul jeton, le 6. Deux possibilités : B = 5 et C = 6, ou I = 5 et H = 6. Quoi qu'il en soit C, F et H = 1, 6, 9 (dans un ordre ou un autre). 2 ne touche que deux pions, donc B ou E (excluons H qui vaut, comme nous l'avons vu 1, 6 ou 9). En continuant ainsi, il est possible de déduire la valeur de chaque jeton. Comme 2 touche deux pions à la valeur totale de 10, si 2 = B, C ne peut valoir 9 ou 1, car A devrait valoir 1 ou 9 et nous savons que 1 et 9 sont C, F ou H. Si 2 = B alors C ne peut valoir que 6, mais ceci rend impossible la conclusion selon laquelle 5 est sous un seul jeton, le 6. Donc 2 n'est pas B, et la seule possibilité est que 2 = E et C et F = 9 et 1 (dans un ordre ou un autre). Donc 6 = H et 5 = I.
A ne peut être 3 (qui touche plus de jetons que 4 et A n'en touche qu'un), ni 7 (qui touche plus de 2 jetons), ni 8 (sous 9), ni 2 (E), ni 5 (I), ni 6 (H), ni 1 ou 9 (CF). Il ne reste que la possibilité 4 = A.
7 ne peut être B (touche plus de deux jetons), il ne reste donc que la possibilité D ou G. Nous savons que 1 est sur un total de 13. Si F = 1, comme E = 2 et D ou G = 7, la troisième valeur doit être égale à 5, mais ceci est impossible puisque 5 = I. Donc c'est 1 = C et 9 = F, sous le 1 (C), pour avoir un total de 13, nous avons E = 2 et 8 + 3 (seules valeurs disponibles), comme 8 est sous 9, 8 = D et 3 = B. Ce qui laisse 7 = G.

Page 125 • Déplacement

Ces cinq figures ont changé d'orientation :

Page 126 • Mariage ou mariage

« Le mariage est trop décrié pour n'avoir pas beaucoup de bon. »

Jean Rostand

« Le célibataire est celui qui prend le mariage très au sérieux. »

Michel Déon

Page 127 • Cycles

Il y a 7 tricycles, 12 trottinettes et 17 vélos.

Le nombre de guidons indique le nombre total de cycles, soit 36. Chaque cycle a au moins deux roues, donc 72 roues ; celles « en plus » reviennent donc aux tricycles : 79 - 72 = 7 tricycles. Seuls les tricycles et les vélos ont une selle (24), donc celles « en moins » correspondent au nombre de trottinettes : 36 - 24 = 12 trottinettes. Ce qui laisse, pour les vélos, le nombre total de cycles retranché de celui des tricycles et des trottinettes, soit 36 - 7 - 12 = 17.

Page 128 • Gardiens

Il faut placer des gardiens en 1, 5 et 6.

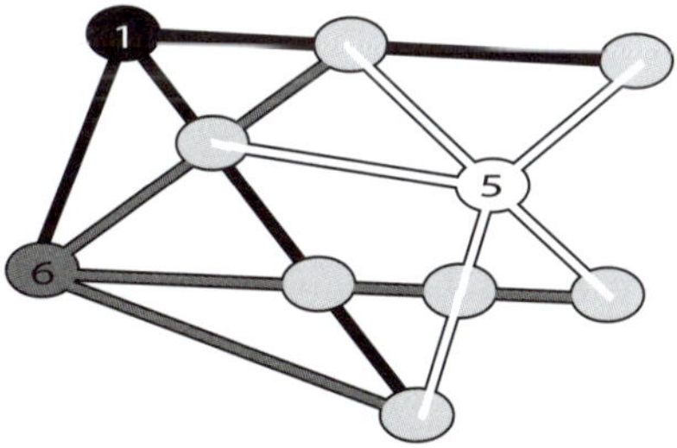

Solutions

Page 129 • À double sens

Le mot vertical : « méridienne » (canapé Premier Empire ; ligne géographique imaginaire).

	C	O	M	M	O	D	E	
	B	A	L	E	I	N	E	
		P	O	R	T	E		
D	O	S	S	I	E	R		
		O	R	D	R	E		
C	A	R	R	I	E	R	E	
	D	E	F	E	N	S	E	
		M	O	N	T	A	N	T
	P	I	G	N	O	N		
C	O	N	T	E	N	T		

Page 130 • Ce qui se conçoit bien...

Les phrases 1 et 2 sont en faveur de la publicité.

1. Être « anti-publicité », c'est être contre la publicité. L'auteur ne l'est pas, il est donc pour.

2. Les publiphobes sont contre la publicité. Ceux qui les critiquent sont pour. L'auteur n'a rien contre, donc il est en faveur de ceux-ci.

3. Les groupes publicitaires sont pour la pub et organisent des contre-manifestations (en faveur de la publicité, contre leurs opposants). L'auteur est hostile à ces contre-manifestations, donc il est contre la publicité.

4. Les groupes anti-pubs sont contre la publicité. Leurs opposants sont pour. S'il est faux de dire que l'auteur ne les combat pas, cela signifie qu'il les combat. S'il combat ceux qui sont pour, alors il s'oppose à la publicité.

Solutions

Page 131 • Scarabées sacrés

Page 132 • Carreaux de faïence

Page 133 • Fruit comestible

Le fruit qui est comestible devra donc se conformer à trois des quatre critères, ni plus ni moins. **Le 5 est le seul dans ce cas.**

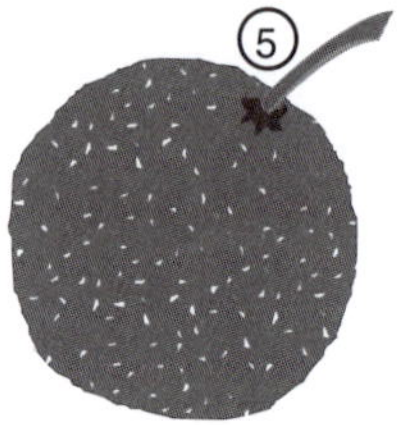

Page 134 • Le bon chemin

En suivant bien les instructions, elle doit arriver au numéro 8, situé dans le tiers du bas, au centre.

Page 135 • Fort bizarre

Il faut prendre la porte d'argent.

Si Slick dit vrai, Grog dit faux et Auguste aussi. Nous avons donc un clown qui dit la vérité et deux qui mentent. Pour que l'affirmation de Mix soit juste, il faut un menteur de plus et ce ne peut être que Mix lui-même. Mais s'il est menteur, son affirmation ne peut pas être juste. Inversement, s'il dit la vérité, il y a deux menteurs et deux clowns qui disent la vérité, donc son affirmation devient fausse. Nous sommes dans l'impossibilité de déterminer si Mix ment ou pas et le meneur de jeu nous a bien dit qu'il ne faut suivre les conseils des clowns que si l'on peut établir s'ils mentent ou pas.

Si Slick dit faux, Grog dit vrai et Auguste aussi. L'affirmation de Mix est donc fausse, mais cette fois-ci, il n'y a pas d'impossibilité logique, car nous avons deux clowns qui disent la vérité (Grog et Auguste) et deux qui mentent. L'affirmation de Mix continue d'être fausse.

Donc, M. Pigevite ferait bien d'emprunter la porte d'argent.

Page 136 • Mot éclaté

On pourrait lire le mot « joie ».

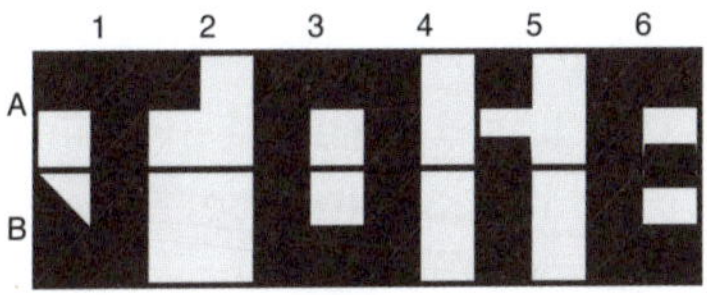

Page 137 • Déverrouillage

On a alors :

A = 6	B = 1	C = 5
D = 2	E = 4	F = 3

Tous les jetons font un total de 21 et, comme A + B = C + D = E + F, chacune de ces paires = 7. Comme A + B + C = 12 (et A + B = 7), alors C = 5 et donc D = 2. Comme A + B + C = 12 et A = B + C, alors A = 6. Puisque C = 5, dès lors, B = 2. Enfin, comme B + C = D + E = 6 et D = 2, alors E = 4 et F = 3.

Page 138 • Rajouts

La citation : « C'est en allant vers la mer que le fleuve reste fidèle à sa source. »
Les mots rajoutés sont « patrie », « peuple », « tel », « un », « de », « désagréments ».

Page 139 • Bibliothèque

On a alors :
$\frac{2}{5} + \frac{1}{4}$ (ou 2 sur 8) + $\frac{1}{4} = \frac{2}{5} + \frac{1}{2}$ qui représentent $\frac{9}{10}^{e}$ des livres. Les 8 derniers livres représentent donc $\frac{1}{10}^{e}$ de la bibliothèque. Ainsi, il y avait au total 80 livres.

Solutions

Page 140 • Connexions

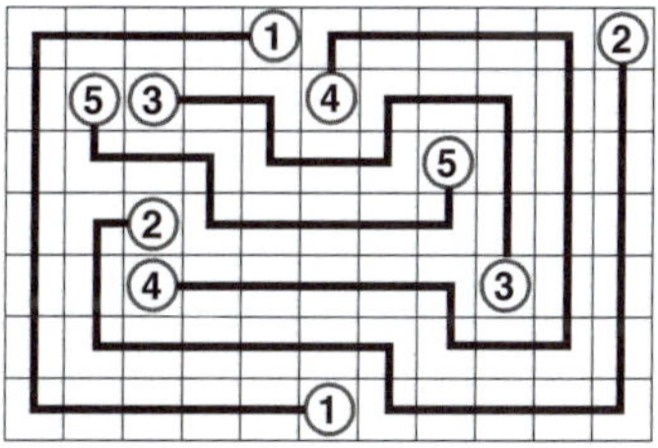

Page 141 • Capitales

Dans l'ordre, de gauche à droite, nous avons les pays suivants (et leur capitale) :

Roumanie Bucarest	Luxembourg Luxembourg	Grèce Athènes	Espagne Madrid	Hongrie Budapest
Royaume-Uni Londres	Japon Tokyo	Allemagne Berlin	Portugal Lisbonne	Russie Moscou
Estonie Tallinn	Norvège Oslo	Tunisie Tunis	Colombie Bogota	Canada Ottawa

Les capitales commençant par la même lettre sont donc Bucarest, Budapest, Berlin et Bogota.

Page 142 • Chaque lettre à sa place

Le mot à former est « organisateur ».

Page 143 • Tricoteuses

Selon l'affirmation 1, Hélène ou France est la plus âgée des trois et, selon la 5, c'est Hélène ou Maïwenn. Hélène étant présente dans les deux affirmations, c'est donc elle l'aînée. Selon la 3, France est plus âgée que Maïwenn. Les âges en ordre décroissant sont donc : Hélène – France – Maïwenn.
Selon la 1, France a tricoté plus d'articles qu'Hélène et, selon la 5, Hélène a tricoté plus d'articles que Maïwenn.
Les tricoteuses en ordre décroissant de production sont donc : France – Hélène – Maïwenn.
Comme il y a moins d'écharpes que de bonnets (2), France ne peut avoir tricoté les écharpes. Elle a donc produit soit les gants, soit les bonnets.
Si elle a tricoté les gants, alors, selon 4, c'est Maïwenn qui a tricoté les bonnets, laissant les écharpes à Hélène. Mais, selon 2, il y a moins d'écharpes que de bonnets ; or, comme nous l'avons vu, Hélène a tricoté plus d'articles que Maïwenn : c'est donc impossible.
Donc France a tricoté les bonnets et Hélène les gants, laissant les écharpes à Maïwenn.

Solutions

Page 144 • Titre embrouillé

Il s'agit du film *Le Bal des casse-pieds*, d'Yves Robert, avec Jean Rochefort, Miou-Miou et Jean Carmet.

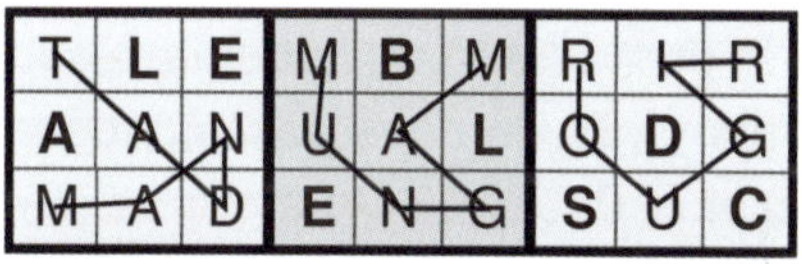

Mandat Magnum Rougir

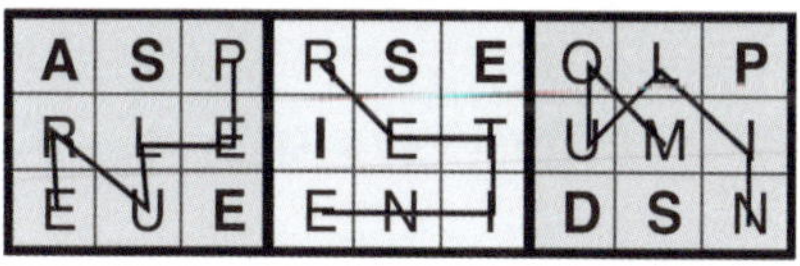

Pelure Rétine Moulin

Page 145 • Tic-tac

Il est 7 h 35.

La différence entre les deux pendules se réduit de 15 minutes par heure. Elles ont 1 heure 15 de différence, soit 75 minutes. 75 ÷ 15 = 5. Ainsi, dans 5 heures, elles indiqueront la même heure, donc l'heure juste. Il sera alors 12 heures. Présentement, il est donc 12 h 35 - 5 heures = 7 h 35.

Page 146 • Mot de passe

Chaque colonne contient les mêmes consonnes (R, S, T pour la première, C, R, S pour la seconde, B, D, L pour la troisième) et chaque ligne contient les mêmes voyelles (E, I, U pour la première, A, E, I pour la seconde et E, O, U pour la dernière). La dernière case contiendra donc les lettres B, D, L et E, O, U. **Un seul mot possible : « double ».**

Page 147 • Stèle

« Celui qui écrit lit deux fois. »

Proverbe latin

Quand le chiffre vient avant la lettre, il faut reculer dans l'alphabet d'autant de lettres (2E = C). Quand le chiffre vient après la lettre, il faut avancer dans l'alphabet d'autant de lettres (E2 = G).

Page 148 • Carré cassé

Il s'agit du fragment 5.

A  5

Page 149 • Poteaux perdus

L'emplacement des poteaux est le suivant :
1H, 2A, 3D, 4E, 5B, 6C, 7G, 8F.
L'emplacement des villes est le suivant :
1- Glame, 2- Exiga, 3- Hertin, 4- Alfa, 5- Caléo, 6- Driom, 7- Brom, 8- Fallil. Les points 7 et 8 ne comportent que deux routes qui sortent de la ville. On doit donc y mettre les poteaux F et G. On trouve les noms de ces deux villes en notant les deux noms qui n'apparaissent que deux fois (et non trois). Ce sont donc Fallil et Brom.
Une fois ces deux villes placées, les autres noms ainsi que les poteaux se placent aisément.

Page 150 • Clapet

On obtient la figure 4.

Page 151 • Thé logique

Philippe doit prendre la tasse 1, Denis la 2, Caroline la 3, Arnaud la 4 et Stéphanie la 5.

Page 152 • Trou dans le mur

Elle doit commander 15 briques sombres et 12 briques claires.

On peut procéder par comptage visuel ou par raisonnement. En considérant soit les rangées, soit les colonnes, on voit que, sur le mur complet, il doit y avoir tel nombre de briques foncées et tel nombre de briques claires. On compte ce qui est présent, puis on calcule ce qui manque...

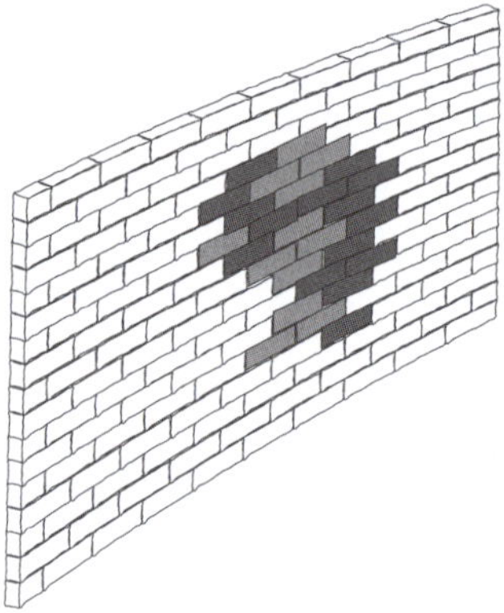

Page 153 • Les faussaires

Les vrais billets sont ceux de 5, 20 et 50.

Solutions

Page 154 • 7 boules de cristal

Les presse-papiers 2, 5, 8, 9, 11, 12 et 13 ont tous les signes suivants :

Page 155 • Mots croisés

C	O	C	O	R	I	C	O
E	R	E	S	■	N	O	S
R	A	L	E	N	T	I	■
C	L	E	■	O	R	N	E
L	■	R	E	C	U	■	A
E	P	I	N	E	S	■	U

Page 156 • Sculpture

Il y a 30 faces : Mme Visionome devra donc se procurer 30 couleurs différentes.

Pour faire le décompte des faces, il est plus facile de procéder selon chaque point de vue :

- vue de face : 1 face ;
- vue de droite : 6 faces ;
- vue arrière : 3 faces ;
- vue de gauche : 6 faces ;
- vue du dessus : 7 faces ;
- vue du dessous : 7 faces.

Page 157 • Additions

Le carré remplace le chiffre 7, et le rond remplace 4.

Page 158 • Mini-grille

Derrière les ronds se trouve la lettre R, derrière les carrés la lettre T, derrière les triangles la lettre O et derrière les hexagones la lettre E.

On forme ainsi les mots « trace », « orgue » et « entré » horizontalement, et « trope », « argot » et « étêté » verticalement.

Page 159 • Autoréférent

Il existe deux solutions : la voyelle U et la voyelle Y, toutes deux présentes « deux » fois. Dans le premier cas, les deux U sont ceux que l'on rajoute. Avec le Y, le premier est placé, le second inscrit.

A n'est pas possible car, une fois que l'on a placé un A dans la case jaune, il y en a quatre. Mais si l'on écrit « quatre », on en a alors cinq. Si on écrit « cinq », bien sûr, il n'y en a plus que quatre. C'est la même chose avec E entre neuf et dix, et avec I et O entre trois et quatre.

Page 160 • Multi-sommes

Il n'y en a que deux : toutes les sommes sont possibles, sauf 40 et 41.

Page 161 • Toubib

« Un médecin qui vous guérit par une ordonnance vous donne une rechute par sa note d'honoraires. »

Henry de Montherlant

Page 162 • Collectionneuses

Dans 33 mois, elles auront l'une et l'autre 215 gravures. Pour le calculer, on pose x = nombre de mois. Alors, il faut trouver x grâce à l'équation suivante : $116 + 3x = 380 - 5x$.

Solutions

Page 163 • 13 pièces

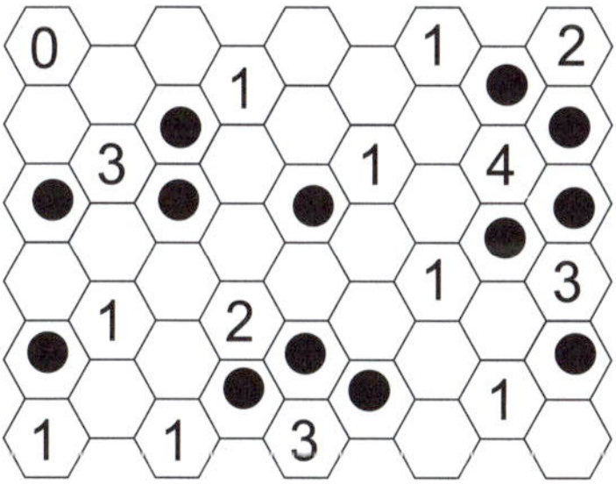

Page 164 • Remplacements

APANAGE	MONDIAL
RECUEIL	PANARIS
EMBAUME	TOMBOLA
ARSENIC	EGOISTE

Page 165 • Coucous

Dans 55 minutes, il sera 3 heures.

Pour que les trois pendules soient à la même heure, on peut soit retarder la A de 5 minutes, la B de 25 minutes et avancer la C de 15 minutes (elles indiqueront alors toutes 1 h 55), soit avancer la A de 5 minutes, retarder la B de 15 minutes et avancer la C de 25 minutes (il sera alors 2 h 05). Dans un cas, il sera 2 heures dans 5 minutes ; dans l'autre, il sera 3 heures dans 55 minutes. Comme M. Pigevite doit attendre plus d'un quart d'heure pour la sortie des coucous, ce sera dans 55 minutes.

Page 166 • Woody le dit

« J'ai des questions à toutes vos réponses. »

Woody Allen

Chaque paire de nombres se réfère à une lettre qui se trouve dans la première citation. Le premier nombre indique le mot et le second (après la virgule) indique la lettre dans ce mot. Ainsi « 11,1 » indique que, dans le onzième mot (« J'aimerais »), il faut prendre la première lettre, soit J.

Page 167 • Superposition

Il ne restera plus qu'un petit triangle blanc.

Superposition de 2 plaques :

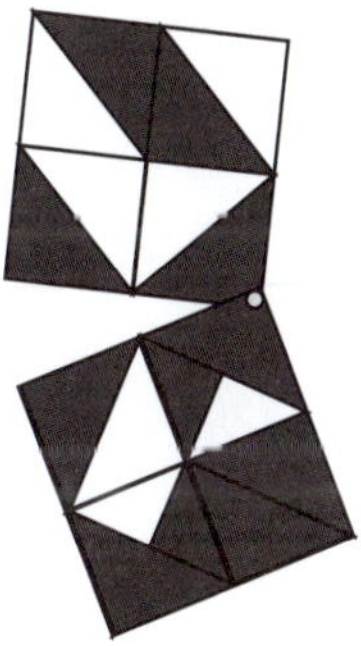

Superposition de 3 plaques :

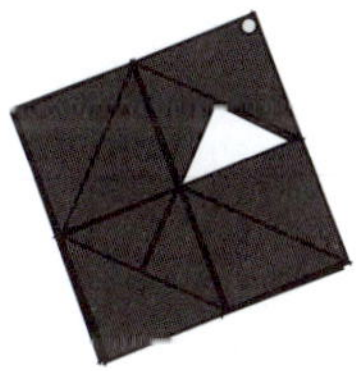

Page 168 • Smiley

Six smileys apparaissent trois fois.

Page 169 • Héros et héroïnes

Charles Swann : *À la recherche du temps perdu*
La Esmeralda : *Notre-Dame de Paris*
Fabrice del Dongo : *La Chartreuse de Parme*
Folcoche : *Vipère au poing*
Gervaise : *L'Assommoir*
La marquise de Merteuil : *Les Liaisons dangereuses*
Le capitaine Nemo : *Vingt mille lieues sous les mers*
Lucien de Rubempré : *Illusions perdues*
Meursault : *L'Étranger*
Milady de Winter : *Les Trois Mousquetaires*

Page 170 • Le jeu de l'intrus

C'est Loïc qui propose le mot intrus :
« croissance » indique une augmentation, alors que tous les autres expriment la supériorité.

Page 171 • Montaigne au clair

« Qui me contredit m'enrichit. »
Michel de Montaigne

Chaque dessin représente une lettre et chaque mot est séparé des autres par un espace. Remplacez les dessins par le nom de ce qu'ils représentent, puis prenez la première lettre du premier mot, la seconde du second mot et ainsi de suite. Nous avons donc :

- quille – punaise – raisin : « qui » ;
- marteau – zèbre : « me » ;
- cerises – pomme – pince – fauteuil – renard – fraise – léopard (ou guépard) – entonnoir – croissant : « contredit » ;
- mouche – pelle – pince – autruche – coccinelle – rhinocéros – perruche – parapluie – bicyclette : « m'enrichit ».

Page 172 • Matrice logique

Ce sont les cases 5 et 8 qui complètent l'ensemble.

Considérons chaque grand carré jaune comme une étape de la série. En prenant ces cases horizontalement, on voit que la case rouge progresse vers la droite et, arrivée au bord droit du carré, elle réapparaît à gauche. La case bleue tourne dans le carré dans le sens des aiguilles d'une montre.

En lecture verticale, la case rouge descend d'une case et la case bleue progresse autour du carré, mais dans le sens inverse des aiguilles d'une montre. Ainsi, la figure 8 complète la case de la deuxième rangée et la 5, celle du bas.

On remarquera par ailleurs la case en bas avec un seul carré bleu, représentant la situation unique où les deux cases sont superposées.

Solutions

Page 173 • Insectes

On compte 10 insectes différents :

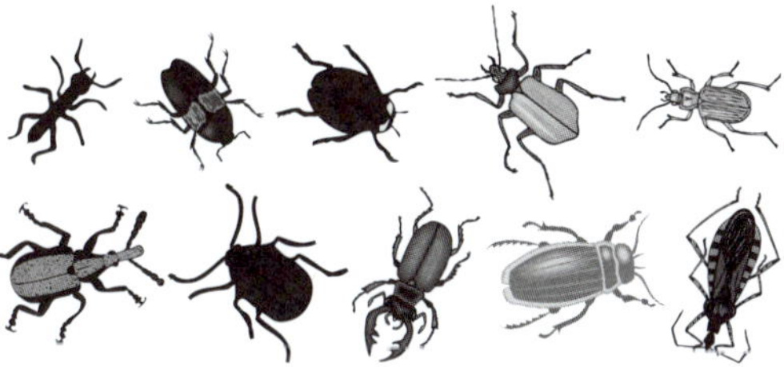

Page 174 • Roues de lettres

Le mot ainsi trouvé est « limonade ».

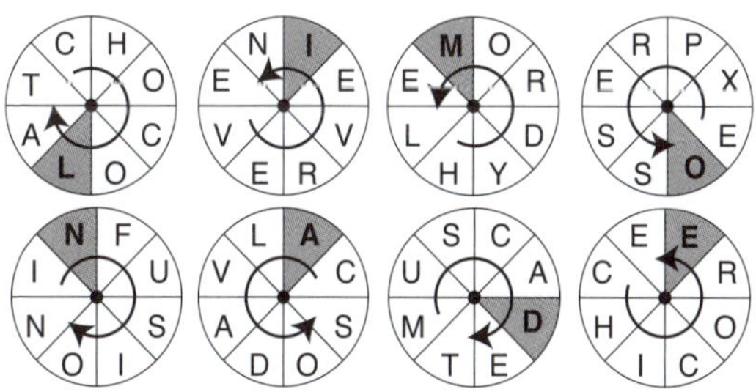

Page 175 • Arithmétique d'autrefois

Il a ajouté 21,66 litres d'eau.

Sans ajout d'eau, le débitant aurait vendu le tout 225 × 0,75 = 168,75 francs. Il a vendu le tout pour 185 francs, soit (185 - 168,75) = 16,25 francs de plus. Au prix du litre, 16,25 ÷ 0,75 = 21,66 litres.

Si la famille consomme 2 litres de vin par jour (!) à 1,25 franc/litre, cela fait 2,50 francs par jour et (2,5 × 7) = 17,50 francs par semaine.

Si elle consomme 4 litres de bière par jour à 0,19 franc/litre, cela fait 0,76 franc par jour et (0,76 × 7) = 5,32 francs par semaine.

L'économie réalisée par semaine est de 17,5 - 5,32 = 12,18 francs !

Page 176 • Bâtiments

3	3	1	2
3	3		2
2			3
1	3	2	2

Page 177 • Le mot juste

« L'enchanteur a exaucé (2) son souhait. »
« Il a exhorté (3) les manants à se révolter. »
« Le duc a exonéré (6) ses serfs des corvées. »
« L'immeuble a été exhaussé (5) d'un étage. »
« Le prêtre a exorcisé (1) la femme dérangée. »
Le mot en trop est « excorié » (4)
(« légèrement écorché »).

Page 178 • Colimaçon

Le mot à former est « hôtel ».

Voici le texte de manière linéaire et, en gras souligné, les lettres qu'il fallait relever :

« Relevez **l**a deuxième lettre du dixième mot de cette p**h**rase, puis la troisième lettre avant la fin du tex**t**e. Maintenant, prenez l'avant-dernière lettre de la phrase précédente, la seconde lettre de « m**e**nu » et la première lettre du second mot de la première phrase : quel mot formez-v**o**us ? »

Page 179 • Cartes cachées

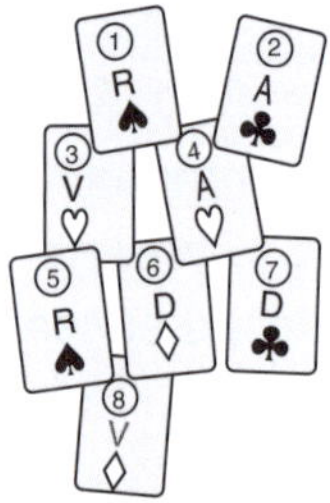

Les deux rois sont placés par-dessus deux cartes ; or il y a trois cartes placées au-dessus de deux cartes : 1, 4 et 5. Les rois viennent de jeux différents, alors 1 (dos bleu) doit être l'un et, comme ils ne se touchent pas, 5 doit être l'autre. Les deux dames ne touchent pas les rois, donc elles ne sont pas en 3, 4 ou 8. Elles viennent du même jeu (bleu ou rouge), cela ne laisse donc que 6 et 7.
Les deux as se touchent, il ne reste donc que 2 et 4. L'un touche deux trèfles, or seul 4 touche deux autres cartes, donc 1 ou 2 et 6 ou 7 sont trèfles. Les deux dernières cartes, 3 et 8, sont les valets.
Un cœur touche les deux piques et un carreau, or trois cartes touchent au moins trois autres cartes : 3, 4 et 6. Mais cette carte touche deux piques qui ont la même valeur (donc de jeux différents). Ce ne peut donc être 4, car les deux mêmes valeurs qu'il touche (des dames) sont du même jeu (rouge).
De même, 6 touche deux valets, mais du même jeu (bleu).
Ce doit donc être 3. Ainsi, on a : 3 cœur, 1 et 5 piques, 6 carreau.
Les deux trèfles sont donc 2 et 7. Reste un cœur et un carreau. Le cœur ne peut être le valet en 8, car il est du même jeu (bleu) que 3, qui est valet de cœur.
Donc on a : 8 carreau et 4 cœur.

Solutions

Page 180 • Code couleur

« On a souvent tort d'avoir raison. »
Robert de Flers

O	N	■	A	■	S	O	U
V	E	N	T	■	T	O	R
T	■	D'	A	V	O	I	R
■	R	A	I	S	O	N	■

N	T	■	A	O	I	R

Page 181 • Addition croisée

		9	1	6		
		7	9	1		
2	1			2	7	8
3	2	1	6		5	6
8	3	2		7	9	
9	7	4		9	8	7
		3	1	5		

Page 182 • D'un mot à l'autre

V	A	G	U	E
B	A	G	U	E
B	A	G	N	E
B	A	N	N	E
B	O	N	N	E
B	O	N	T	E
B	O	U	T	E
B	O	U	L	E
H	O	U	L	E

Page 183 • Crypto

« Les gens vraiment dangereux portent en général le smoking. »

Georges Simenon

Page 184 • Couverts

Six couverts ont été déplacés ou échangés.

Page 185 • Le revers de la médaille

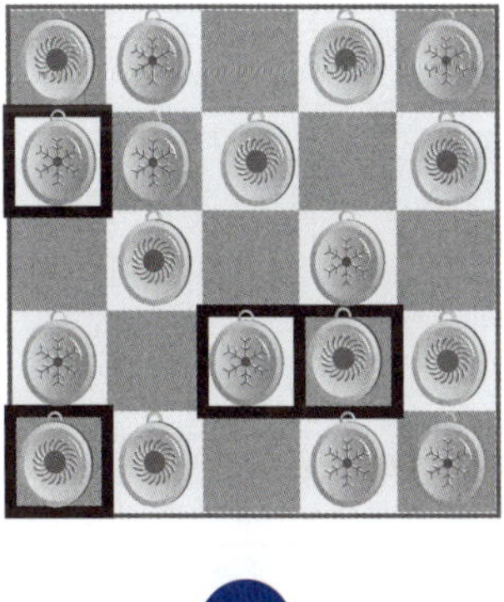

Page 186 • Pistes

Il y aurait deux pistes séparées.

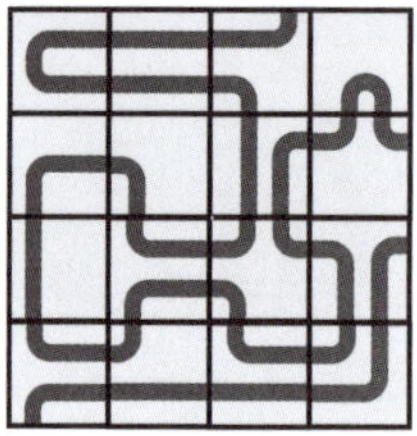

Piste 187 • La valeur des jetons

Désignons chaque jeton par une initiale : T pour trèfle, C pour cœur, L pour losange, P pour pique et A pour anneau. On a alors :

T + C + L + A + P (22) - L + A + P (10) = T + C = 12

T + C + L (18) - T + C (12) = L = 6

T + C + L + A + P (22) - T + A + P (12) = C + L = 10

C + L (10) - L (6) = C = 4

T + C + L (18) - C + L (10) = T = 8

C + L + A (11) - C + L (10) = A = 1

L + A + P (10) - L (6) - A (1) = P = 3

Ainsi, on a : trèfle = 8, cœur = 4, losange = 6, pique = 3 et anneau = 1

Page 188 • Avant la magie

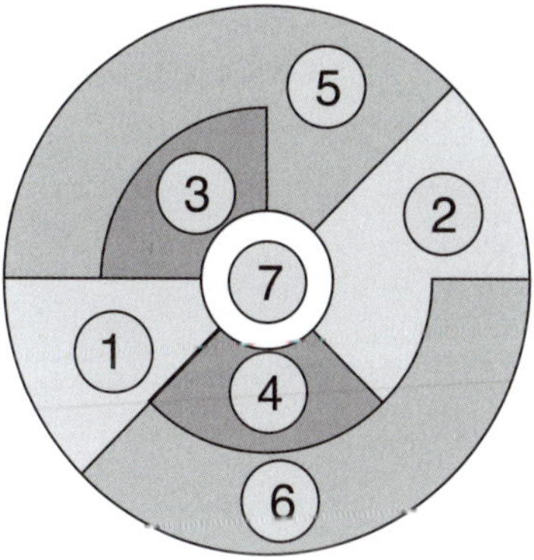

Page 189 • Toxiques

Les produits toxiques sont : A, E, H, B et G.

Page 190 • Superpositions

C'est possible : la superposition des plaques 1 et 5 donne la figue A.

Page 191 • Cita-puzzle

« Sans pile, on perd la face. »
Pierre Desproges

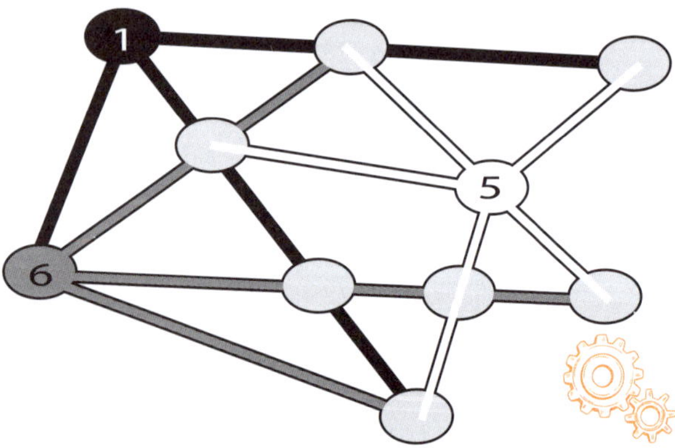

Page 192 • Cases jetons

On compte six jetons apparaissant dans plus d'une case :

 Vert

 Vert

 Marron

 Bleu

 Violet

 Rouge

Page 193 • Dernier carré

Il faut placer un 2.

Pour obtenir ce chiffre, il faut faire la somme des nombres sur fond jaune et la diviser par le nombre sur fond bleu.

Page 194 • Découpe

L'un des fragments avait été posé à l'envers, ce qui constituait une difficulté supplémentaire. Mais, comme tous les S étaient donnés, aucune autre solution n'était possible.

S	N	O	S	I	H
			N	O	I

T	R	O	M	P	E	R	I	E
E	S	P	I	O	N	I	T	E
T	R	A	H	I	S	O	N	S
D	U	P	L	I	C	I	T	E

Page 195 • Cinoche

1. Elsa est allée voir *Mégalotrip*.
2. Chaïma est allée voir *Impérator*.
3. Jade est allée voir *Destructor*.
4. Johanna est allée voir *Paranodream*.

On sait que Johanna a vu *Paranodream* (déclaration 1), que Jade a vu *Destructor* (déclaration 2) et Chaïma *Impérator* (déclaration 3), ce qui laisse *Mégalotrip* à Elsa.
Donc Elsa est n° 1.
Chaïma n'est ni n° 3 ni n° 4 (ces affirmations la mentionnent), donc elle est n° 2.
Johanna est n° 4, puisqu'elle est allée voir *Paranodream*.
Ce qui laisse le n° 3 pour Jade.

Page 196 • Mot pour mot

« Le charbon est de la **chaleur** en **conserve**. »
« La maîtrise de sa **tristesse** est le début de la **sagesse**. »
« La politesse **est** une arme **sournoise**, efficace et désarmante. »
« L'ingénieur **son** de la radio **lui** a vendu un casque. »

Solutions

Page 197 • Chaussettes

Les paires de chaussettes blanches valent 2 ludics.

Lot F - lot B = 20 - 16 = paire grise = 4
Lot D - paire grise = 16 - 4 = paire bleue + paire verte = 12
Lot A - (paire bleue + paire verte) = 17 - 12
= paire rouge + paire blanche = 5
Lot B - (paire rouge + paire blanche) = 16 - 5
= paire verte + paire jaune = 11
Lot C - (paire verte + paire jaune) = 17 - 11
= paire jaune = 6 et donc paire verte = 5
Lot D - (paire grise + paire verte) = 16 - 4 - 5 = paire bleue = 7
Lot E - (paire bleue + paire jaune) = 19 - 7 - 6
= deux paires rouges = 6 donc paire rouge = 3
Lot A - (paire verte + paire rouge + paire bleue)
= 17 - 5 - 3 - 7 = paire blanche = 2

Page 198 • Instructions

Le résultat est représenté par la solution 2.

Voici les étapes successives :

Page 199 • Le jeu des homonymes

Léa est la gagnante avec « joue » (du verbe « jouer ») et « joue » (du visage).

Les autres paires sont :
Lize : « sot » et « seau » ;
Laure : « maître » et « mettre » ;
Line : « geai » et « jet » ;
Lili : « laid » et « lait » ;
Lou : « porc » et « port ».

Page 200 • Interrogation d'écrivain

« Que serait la vie sans l'imparfait du subjonctif ? »
Alexandre Vialatte

Page 201 • Alpha-cubes

On peut y lire « violon ».

Comme tous les cubes sont identiques, il est possible de reconstituer le dé matrice à partir des éléments visibles.
Le cube à l'extrémité nous permet de constater que la face qui côtoie celle avec la pointe du A contient un L, celle qui côtoie le côté gauche du A contient un O, celle qui côtoie le sommet du L contient un O.
Avec le troisième cube, on voit que la face qui côtoie la base du L contient un V. Avec le quatrième dé, on voit que, sur la face qui côtoie le haut (ou le bas) du O, il y a un I.
En plaçant ces éléments dans une matrice, comme ci-dessous, on voit que O et V sont sur des faces opposées, ainsi que I et L.
Le mot que le personnage peut lire commencera donc par la lettre opposée à O, c'est-à-dire V. Ensuite viendra la lettre opposée à L, donc I, et ainsi de suite jusqu'à former V-I-O-L-O-?. Nous ne connaissons pas la lettre opposée à A, mais il ne peut s'agir que d'un N pour former « violon ».

Page 202 • Les mots dans l'ordre

« Un dictionnaire, c'est tout l'Univers par ordre alphabétique. »
Anatole France

Page 203 • Ludics en carré

Pour avoir quatre pièces qui se touchent et quatre qui ne se touchent pas, les pièces qui ne se touchent pas doivent être situées dans les quatre coins. Ensuite, les autres occupent les places qui restent, sauf une, au milieu de l'un des quatre côtés, où se logera la pièce de 10 ludics. Selon l'énoncé, il faut qu'il y ait, à droite de cette pièce de 10 ludics, une ou plusieurs pièces ayant deux fois la valeur de celle(s) au-dessus. Seule la place au centre en bas convient, avec 20 ludics à droite, soit deux fois plus que les deux pièces au-dessus de la pièce de 10 (5 + 5 = 10).

20	5	20
5	5	5
20	10	20

Page 204 • En plus

G	
R	ACCORD
O	RAISON
N	ARGUER
D	ROGUES
E	COULER
M	EDITER
E	CHASSE
N	OMBRES
T	ROUBLE

Notes

Notes